Namenlose Insel in der blauen Weite zwischen Murua und Bougainville

ARCHIPEL SEHNSUCHT

Geschichten aus der Südsee

GEO

GEO

Herausgeber: Peter-Matthias Gaede
Gestaltung: Erwin Ehret
Redaktion: Christoph Kucklick, Michael Schaper, Torben Müller
Bildredaktion: Elisabeth Degler, Venita Kaleps, Nadja Masri; Silja Sperling (freie Mitarbeit)
Schlussredaktion: Hinnerk Seelhoff; Ute Arndt (freie Mitarbeit)
Herstellung: Heiko Belitz, G+J-Druckzentrale
Lithographie: MWW Repro, Hamburg
Druck: IPF Industrie Poligrafiche Friulane, Maniago, Italien

1. Auflage 2002
ISBN 3-570-19349-7

Achtzehn Wochen dauern auch Reportage-Reisen für GEO nicht allzu oft. Und anderthalb Jahre Vorbereitung – für logistische Planung, Bereitstellung des Transportmittels, Zusammenstellung der Crews, meteorologische Studien und Archivrecherchen – hat irgendeines der GEO-Projekte noch seltener benötigt. Doch so viel musste es sein, um eine 3339 Seemeilen lange Unternehmung in der uns fernsten Region der Erde zum Erfolg zu führen: in der Inselwelt Melanesiens.

Tikopia, Vanikoro, Vella Lavella, Kiriwana – das waren einige der Ziele der GEO-Reporter. Kaum bekannte Namen in einem ozeanischen Kosmos, der weit abseits der Routen moderner Kreuzfahrer zu finden ist. Der wildere Teil der Südsee, Lichtjahre vom Lifestyle Hawaiis entfernt, ohne die verlockende Süße von Tahiti und Bora-Bora. Und auch wenn zu manchem der isoliertesten Archipele zwischen Éfaté und Papua-Neuguinea hin und wieder, höchst unberechenbar, Maschinen kleiner, lokaler Airlines fliegen – ein Großteil der Inseln auf der verfolgten Route, nichts als terrestrische Miniaturen in einer unendlich anmutenden Wasserwelt, wäre nicht einmal auf gelegentlich zu erwischenden Frachtkähnen anzusteuern gewesen.

Ein eigenes Schiff also musste her, und es wurde die „Freydis", im Besitz des erfahrenen Weltumseglerpaares Heide und Erich Wilts, 15 Meter lang, und unter anderem mit einer 20 Millimeter dicken Stahlbodenplatte für heikle Wege durch Untiefen gerüstet. Die ehemalige Ärztin und der ehemalige Geschäftsführer sind seit 1990 fast ständig auf See; für den Südsee-Törn mit drei aufeinander folgenden Reporter-Teams von GEO mussten sie die „Freydis" zuvor von Puerto Williams am Beagle-Kanal 12 000 Seemeilen weit nach Nouméa auf Neu-Kaledonien, dem ersten Treffpunkt, segeln.

Was in den vier Monaten darauf folgte, war – erwartungsgemäß – für keinen der Beteiligten eine Friedensfahrt. Das galt für die Tage auf See, wo sich in die beabsichtigte Entdeckung durch Langsamkeit die schwierige Erfahrung mischte, dass sich Enge nicht gut mit rauem Gewässer verträgt. Das galt erst recht an Land, wo die Reporter mal von Vulkanausbrüchen, mal von bizarren Guerilla-Truppen empfangen wurden. Es war – und es blieb bis zum Ende – ein Vorstoß ins Ungewisse, eine Kette seltsamer Begegnungen, eines der raren noch möglichen Abenteuer im Zeitalter der Reiserücktritts-Versicherungen.

Planet Ozeanien – einst bot sich die Weite des Pazifiks, größer als alle Kontinente zusammengenommen, als riesige Projektionsfläche für europäische Traumgespinste vom rundum glücklichen Leben jener wenigen Menschen an, die dort unter den Sternenwegen und Wolkenstraßen auf Inseln der Seligkeit vermutet wurden, friedvoll in den Tag hineinlebend, zufrieden mit ihrer Welt, unberührt von Habsucht und Geiz. Und es wäre unredlich abzustreiten, dass Reste dieser Vorstellung selbst noch im Spiel waren, als die GEO-Teams zu ihrer Suche aufbrachen. Immerhin in ein Refugium, das bis heute an der Peripherie unserer Waren-, Geld- und Informationsströme liegt.

Was sie tatsächlich entdeckten, war ein wunderliches Nebeneinander und Gegeneinander unterschiedlichster Zivilisationen. Und wie auch nicht?! Nicht weniger als rund 2200 Inseln werden zu Melanesien gezählt, zu jener Kette von Archipelen, die sich zwischen Fidschi und der Ostküste Australiens erstreckt. Hunderte Sprachen und Dialekte werden auf ihnen gesprochen. Und selbst auf einem Eiland wie Tanna, nicht größer als die Ausdehnung Hamburgs, lebt die Bevölkerung separiert noch nach den Gesetzen Hunderter verschiedener Clans.

Andererseits: Rund 150 Jahre christliche Missionierung haben die Bewohner noch des abgelegensten Stückchens Erde hinter sich; Fronarbeit auf australischen Zuckerrohrplantagen gehört zur Erfahrung vieler ihrer Vorfahren; japanische und nordamerikanische Kriegsschiffe und Bomber sind vor den Küsten und im Himmel gekreuzt, als der Zweite Weltkrieg etwa nach Guadalcanal kam – zu viel, um noch erwarten zu können, insulare Reinkulturen und ein Schweben in irdischer Zeitlosigkeit in den oft erst seit zwei Jahrzehnten unabhängigen Kleinstaaten der westlichen Südsee anzutreffen.

Dennoch gab es reichlich Momente, Tage, Nächte, in denen sich die GEO-Reporter wie Außerirdische vorkamen. In denen sich eine Welt voller Tabus und rätselhafter Ahnenrituale vor ihnen auftat. Auf einer Insel, auf der Freitod einst zum Ehrenkodex gehörte. In Gemeinden, die sich bewusst in die Vorzeit bewegen. Bei Häuptlingen, die über das Reich der Jams-Wurzel herrschen. Bei Männern, die an heilige Haie und Großväter in Krokodilsgestalt glauben. Bei „Salzwassermenschen", die sich ihre eigenen Inseln bauen. Bei gewaltigen, lodernden Festen, bei denen Feindschaft und Freundschaft ausgetanzt werden. Bei Bauern, denen nichts wichtiger ist, als ihre Ernte zu verschenken.

Von dieser seltsamen Welt, die noch längst nicht wie unsere ist, und längst nicht mehr eine ganz andere, erzählt das vorliegende Buch. Seine Fotografen und Autoren haben recherchiert, nicht geträumt; haben mitgebracht, was sie vorgefunden haben. Eine Südsee, nicht mehr für jede Illusion geeignet. Immer noch aber für einige Sehnsucht gut.

Peter-Matthias Gaede

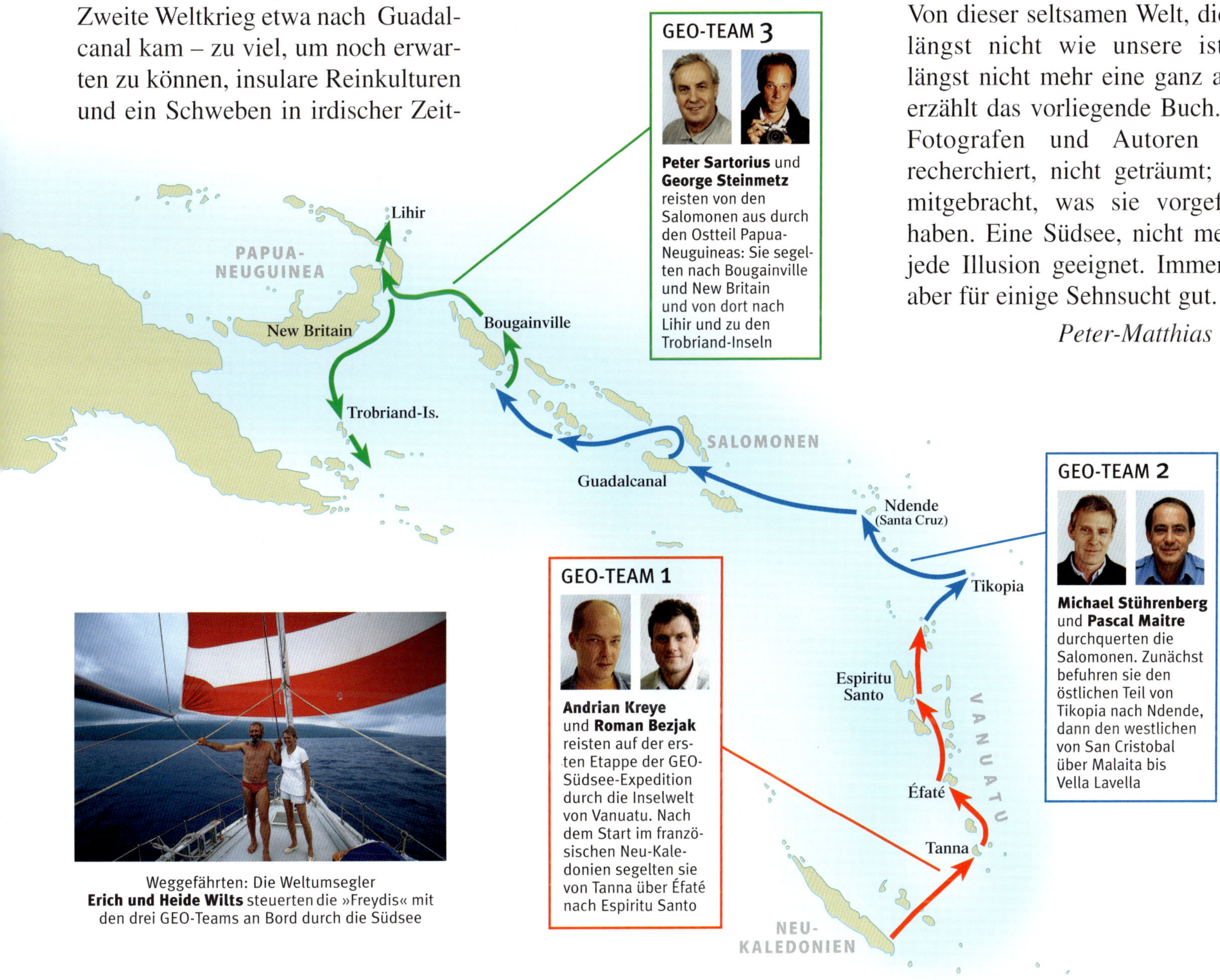

Weggefährten: Die Weltumsegler **Erich und Heide Wilts** steuerten die »Freydis« mit den drei GEO-Teams an Bord durch die Südsee

Im Land der wieder

geborenen Traditionen

Jenseits von Australien liegt ein geheimnisvoller Staat. Seine Einwohner feiern jedes Jahr drei Tage lang den Frieden und berauschen sich allabendlich an einer heilenden Wurzel. Sie leben auf 82 Inseln und sprechen mehr als 100 Sprachen – doch alle nennen ihre Heimat »Vanuatu«. Andrian Kreye (Text) und Roman Bezjak reisten durch ein Land, das dabei ist, zu seinen von Kirchen und Kolonialherren unterdrückten Traditionen zurückzufinden

Ein Privatreich in der Südsee: Kwakea Island im Norden Vanuatus gehört dem Sohn eines englischen Kaufmanns – dennoch dürfen die Hobbyfischer

chbarinseln hier Beute fangen

Wenn bei Ebbe das Meer vor Aniwa fällt, gehen

wohner der Insel auf die Jagd. In der Itcharo-Lagune hinterlässt das ablaufende Wasser große Fischschwärme – leichte Beute im seichten Gewässer

In den *kastom*-Dörfern auf Tanna kehren die Bewohner zurück zur Tradition (engl. »custom«):

Mädchen tragen dort statt Turnhosen und T-Shirts wieder Bastkleidung

Am Fuße des Vulkans Yasur wäscht eine junge Frau ihre Wäsche im See Isiwi. Regelmäßig legt der Berg nach kleineren Eruptionen eine Aschedec

r die Umgebung

Leben wie die Ahnen: In Lenapuas auf Tanna kratzen Frauen und Kinder die verbrannte Schicht von Tarowurzeln ab, die sie zuvor im Feuer gegart haben

Kinder beim Baden auf Espiritu Santo. Nach einem Jahrhundert des Bevölkerungsschwunds wächst die Zahl der Menschen in Vanu

wischen so stark wie in kaum einem anderen Pazifik-Staat

Auf dem *nakamal*, dem zentralen Dorfplatz, trifft sich die Gemeinschaft. Hier feiert sie, hier halten die Häuptlinge Gericht – und an gewöhnlichen Tagen hüten Väter unter den großen Banyan-Bäumen ihre Kinder. Abends berauschen sich die Männer des Dorfes auf dem Nakamal am Kava-Trank; hergestellt aus einer Wurzel aus der Familie der Pfeffergewächse, die zerhackt, zerkaut und mit Wasser durch ein Tuch gewrungen wird

Ein Fischer kreuzt im Auslegerboot vor Mystery Island – wahrscheinlich nicht sehr viel anders als seine Vorfahren vor rund 5000 Jahren

Ein Mann und seine Frau auf Tanna kehren am frühen Morgen von einem Fest über das Aschefeld des 361 Meter hohen Vulkans Yasur heim

Eine Großfamilie auf dem Weg zum

i Viertel aller Bewohner Vanuatus leben von der Landwirtschaft. Die Ernte – Jams, Taro und Süßkartoffeln – reicht meist nur zur Selbstversorgung

Startsignal fürs Erwachsenenleben: Auf Tanna wer

rzlich beschnittene Jungen mit Schneckenhörner-Fanfaren empfangen. Drei Monate mussten sie zuvor mit männlichen Verwandten im Busch leben

Ein Häuptling markiert mit einem Pfahl den Platz der Tänze für das Nekowiar-Fest. Einst wurde es gefeiert, um Kriege zwischen den Dörfern zu beend

d noch heute ist es der Höhepunkt des Jahres auf Tanna

Die Gastgeber des Nekowiar-Fests im Dorf Yabekesem eh

Gäste mit dem Nao-Tanz. Bambusbündel in den Händen der Männer symbolisieren Geschenke, die den Besuchern am Schluss überreicht werden

Éfaté ist die Zentrali

Vanuatu – und etwas reicher als die anderen. Die Straßen sind auch ohne Vierradantrieb befahrbar, und Elektrizität gibt es nicht nur in der Kapitale

Der Old Tanna Highway, ein Dschungelpfad nicht breiter als einen halben Meter und voller Fußfallen aus Schlingen und Wurzeln, führt von Port Résolution bis zur Hafenstadt Lénakel; das ist eine Strecke von gut 20 Kilometern über die Berge und durch den Busch von Tanna, einer der südlichen Inseln der Republik Vanuatu.

Highway – ein großer Name für diesen schmalen Weg; aber Muna Iabatu besteht darauf, ihn so zu nennen, damit wir besser verstehen, wie wichtig diese Lehmrinne für Tanna war und ist: gewundener Weg durch die Insel und durch die Gesellschaft Tannas, magische Linie ins Herz der Bewohner Tannas – denn sie verbindet nicht nur Orte, sondern die Familienclans auf der Insel, Hunderte von Sippen, einen ganzen Kosmos winziger Dörfer.

Suatu wird der Weg von den Einheimischen genannt, und in ihrer Vorstellung webt er Allianzen und knüpft Freundschaften, führt und verführt die Tannaer zu Tauschgeschäften und zieht sie zuweilen in einen Krieg – die Geschichte der Insel ist auf dem Dschungelpfad geschrieben worden. Und noch immer ist der Fußweg wichtiger als der New Tanna Highway, den die Amerikaner im Zweiten Weltkrieg bauten: eine Kiespiste für Laster und Buschtaxis, die bloß eine Straße geblieben ist.

Leicht passierbar ist der Urwaldtrail für einen *yangfala man*, wie ein junger Eingeborener auf Bislama genannt wird, dem Pidgin-Englisch, das als Amtssprache dient. Für jemanden wie Muna Iabatu also, der mühelos durch den Wald läuft; der jeden Schritt auf seinen fächerförmigen Füßen und den rosafarbenen Laufpolstern abfedert, ohne einen Zweig zu brechen, und der auch im dichtesten Gestrüpp die Orientierung findet, ohne sich zu verheddern.

Vanuatu besteht aus 82 Inseln. Mehr als 700 Kilometer legten Andrian Kreye und Roman Bezjak von Anetchom im Süden bis Vanoua-Lava im Norden zurück – zu Wasser, zu Lande und in der Luft

Eine Strapaze ist der Pfad für *bigfala waetman*, für große Weiße wie mich und den Fotografen Roman Bezjak: Mit unseren klobigen Stiefeln stolpern wir über verschlungene Wurzeln, unsere Rucksäcke verhaken sich in den Lianen, nur mit Mühe können wir Muna folgen – und wären verloren, wenn wir ihn verlören.

Muna ahnt nicht, wie sehr er uns quält. Dass wir noch immer benommen sind von der Überfahrt, die vor vier Tagen in Neu-Kaledonien begonnen hat. Die Zeit auf dem Meer war eine endlose Abfolge graublauer Täler, die sich unter der „Freydis“ auftaten, einer stählernen Sloop mit dem Skipper-Ehepaar Heide und Erich Wilts; das Boot wird uns durch den Archipel von Vanuatu tragen und später zwei weitere Teams von GEO-Reportern über die Salomonen bis nach Papua-Neuguinea.

Kreuzseen und Brecher hatten tagelang mit der Yacht gespielt, uns in der Kajüte immer wieder hart gegen die Wände geworfen, bis wir gelobten, bei unserer Ankunft den Boden zu küssen.

Schließlich die Ankunft auf Tanna. Träge kam der rote Stahlrumpf der „Freydis“ in der einsamen Bucht von Port Résolution zu liegen – wie eine Barke Außerirdischer. Um uns Urzeitlandschaft. Als tiefgrüner, flirrender Nebel lag der Dschungel auf schroffen Bergen, dahinter ragte der kahle, schwarzbraune Vulkankegel des Yasur auf, aus dem immer wieder ein tiefes Grollen drang und Aschewolken in den Himmel stoben – Welt im Entstehen. Welcher Kontrast zum friedlichen Meer und dem elfenbeinfarbenen Sand am Grund des Wassers, das so wunderlich klar war, dass wir ihm erst einmal misstrauten: Das kann nur eine Täuschung sein!

Oder ist gar das ganze Inselreich eine Schimäre, diese zarte Linie im Blau des Südpazifik, dieser Strang aus 82 Inseln, die erst seit 20 Jahren einen schwächlichen Staat bilden? Vanuatu: Das ist eher ein sehnsüchtiger Klang als greifbare Realität – und die erste Station auf der GEO-Reise durch die Südsee. Genauer: durch Melanesien, den geheimnisvollsten Teil des Südpazifik.

5000 Kilometer lang spannt sich eine Kette von Archipelen von den Fidschi-Inseln über Neu-Kaledonien, Vanuatu, die Salomonen und Papua-Neuguinea bis hin zur Ostküste Australiens. Als wichtigste Gemeinsamkeit verbindet die Bewohner, dass der französische Forschungsreisende Dumont d'Urville sie 1831 als besonders dunkelhäutig kategorisierte (als „melas", Griechisch für schwarz) und derart von Polynesiern und Mikronesiern unterschied.

Melanesien – das sind 2200 Inseln, Hunderte von Sprachen und Dialekten sowie ungezählte lokale Clans, die nur selten Kontakte über den Nachbarstamm hinaus pflegten, bis sie von Kolonialherren in größere politische Einheiten gezwungen wurden. Und heute? Was ist die Wirklichkeit der „Südsee"? Wie sehen sie aus, unsere Fantasien von einem aquatischen Garten Eden, den schon die Europäer vergangener Jahrhunderte in Ozeanien vermuteten?

Eine Reise zu den legendären „Inseln der ewigen Jugend" ist ja längst ein Trip in einen denkwürdigen Widerspruch: Niemand würde in der Südsee heute noch ernsthaft das Paradies vermuten, und doch hofft

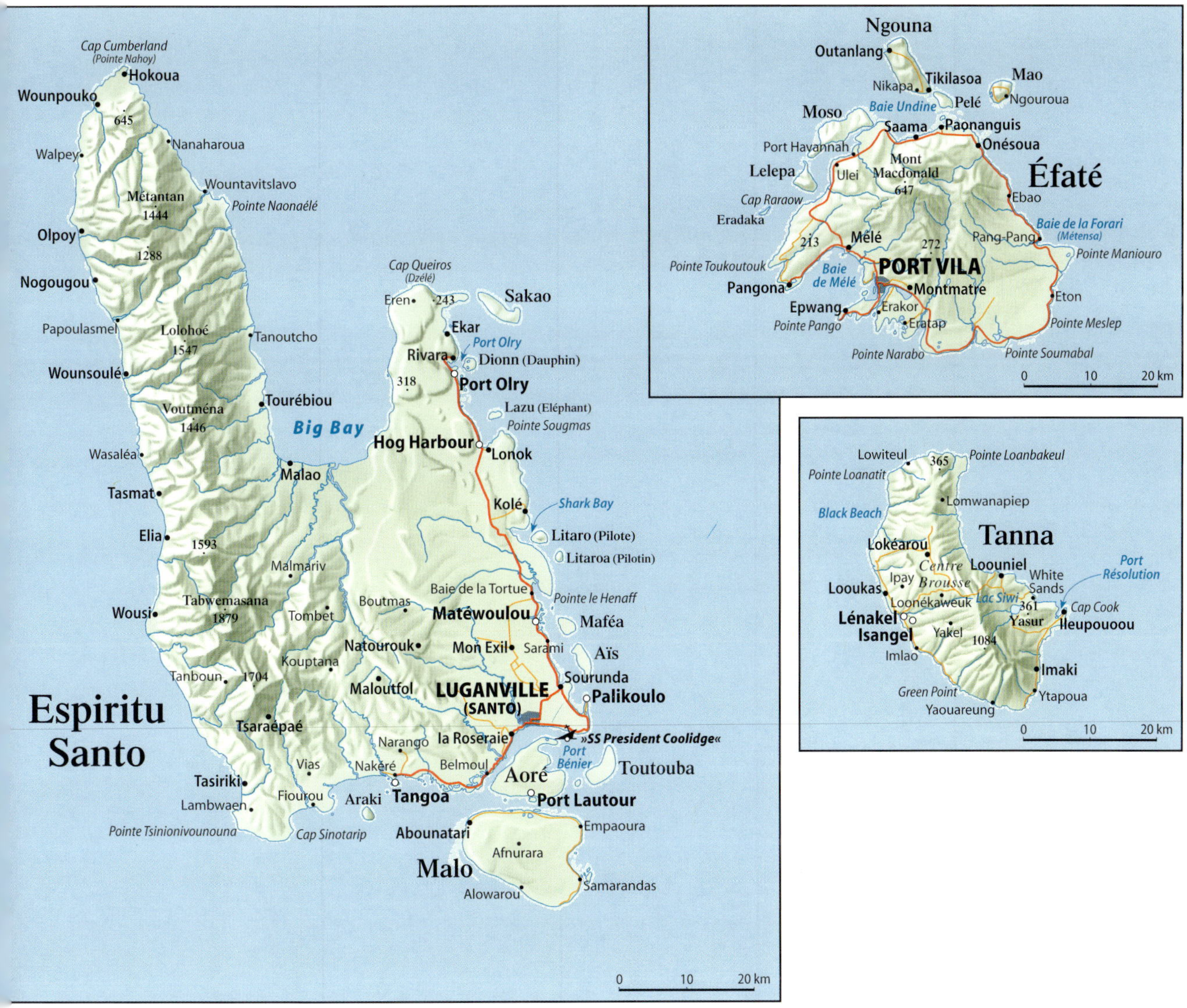

Vor rund 5000 Jahren brachen die ersten Siedler zu den Inseln des Vanuatu-Archipels auf – möglicherweise vom heutigen Taiwan aus. Doch erst seit rund 20 Jahren gibt es die unabhängige Republik Vanuatu, zu deren bedeutendsten Inseln Espiritu Santo, Tanna sowie Éfaté mit der Hauptstadt Port Vila gehören. Rund 180 000 Einwohner, so viele wie in Mainz, leben in einem Staat, dessen Landfläche fast so groß ist wie die Schleswig-Holsteins

wohl ein jeder im geheimen darauf, es dennoch zu finden.

Was werden wir entdecken am Rande der Welt? In einer Region, in der alle Staaten aus Dutzenden bis Hunderten kleiner Inseln bestehen – weshalb wir die „Freydis“ gechartert haben: Ein Boot scheint uns die angemessenste Fortbewegungsweise in dieser Weite zu sein.

Aber erst einmal quälen wir uns über den Suatu. Muna schreitet immer energischer voran, je näher er seiner Heimat kommt. Muna, ein gedrungener, schnauzbärtiger Mann von 29 Jahren, ist der dritte Sohn des Häuptlings Joseph Iabatu aus Loonékaweuk im Middle Bush, dem grünen Garten im Inneren von Tanna. In seinem Dorf will er uns in das wichtigste Ritual Vanuatus einführen: das Kava-Trinken – den allabendlichen Insel-Rausch.

Keinen besseren Ort gibt es dafür als die Insel Tanna, von der die Bewohner sagen, hier wüchse das kräftigste, das beste Kava der Südsee. Eine Droge, die alle 20 000 Bewohner verbindet, auch wenn sie überwiegend noch in kleinen Buschdörfern leben und sich in Hunderte von Clans getrennt haben; fünf verschiedene Sprachen und ungezählte Dialekte sprechen sie auf dieser Insel, deren Fläche kleiner ist als die von Hamburg.

Christliches Ritual auf Tanna: Der presbyterianische Laienprediger Vallette Nakou hält sonntags in einer Hütte Gottesdienst

Traditioneller Brauch auf Malékoula: Kava-Wurzeln werden zerhackt und später mit Wasser durch ein Tuch gepresst – für den allabendlichen Rausch

Muna trägt eine andere, eine quälende Zerrissenheit in sich: jene zwischen Tradition und Fortschritt. Drei tiefe Falten haben sich zwischen seinen Augenbrauen eingegraben, die ihm trotz seiner berückenden Herzlichkeit etwas Mürrisches verleihen. Jeder zweite seiner Sätze lautet „you understand“ – wohl ein beruflicher Tick: Muna arbeitet als Lehrer auf einer Nachbarinsel.

Aber er kehrt so oft wie möglich in sein Heimatdorf zurück. Denn nur im Busch, ruft er uns durch das Dickicht zu, „hat das Leben einen Sinn“. Weil dort jeder ein Haus besitzt, weil die Männer gemeinsam die Felder bestellen und die Frauen kochen, weil niemand Geld verlangt und niemand es braucht.

Eine heile Welt? Was für eine gemeine, moderne Frage. „Natürlich nicht“, bellt Muna. Schuld an allem Unglück seien die Missionare, die Tanna vor mehr als 150 Jahren zum Christentum gebracht haben – „seither ist nichts mehr, wie es war“.

Und nahtlos fügt er hinzu: „Viele Menschen gehen jetzt nicht mehr aufs

Feld, sondern kaufen Reis und Dosenfisch im Laden.“ Von den Missionaren zur Konservendose: Manchmal sind die Wege kurz auf Tanna.

Auf dem Suatu schaffen wir es gerade vor Anbruch der Dunkelheit nach Loonékaweuk. Halb sechs abends. Rasch sinkt die Pazifiksonne und überzieht die zerklüfteten Vulkanberge mit langen Schatten. Die Zeit, in der Tanna, in der ganz Vanuatu zur Ruhe kommt.

Hapinaet – Kava-Zeit.

Das Dorf sieht aus wie die meisten Orte auf Tanna: Reihen kaum mannshoher Hütten mit Wänden aus geflochtenen Palmblättern. Kinder treiben eiserne Reifringe vor sich her, Schweine grunzen am Waldrand. In den Langhäusern, den Gemeinschaftshütten, kochen Frauen über Feuerstellen das Abendessen: Jams, eine stärkehaltige Wurzel, weiße Süßkartoffeln und Spinat.

Die rund 50 Männer des Ortes haben sich auf dem *nakamal* versammelt, dem Versammlungsplatz, der etwas abseits liegt: eine Fläche aus festgestampftem Lehm im Dämmerlicht des Dschungels. Die Männer rauchen *string tobacco*, zusammengedrehte Tabakblätter, die sie mit glühenden Holzscheiten aus einer Feuerstelle entzünden. Sie tragen verschlissene T-Shirts, Turnhosen und Plastiksandalen.

Für Frauen ist der Nakamal zur Kava-Zeit tabu. Kein weiblicher Blick

Initiation auf Tanna: Nach der Beschneidung leben die Jungen drei Monate im Busch. Am Festtag kehren sie in ihr Heimatdorf zurück und werden feierlich für die Zeremonie geschminkt

darf auf die berauschten Männer fallen; Roman Bezjak wird nicht einmal erlaubt zu fotografieren – es könnten ja Frauen die Bilder betrachten.

Fürchten die Männer vielleicht, die Frauen könnten ihnen den Trank wieder nehmen? Schließlich haben die ihn ja auch entdeckt – so heißt es zumindest in einer der vielen Kava-Mythen der Insel; danach soll einer Tannaerin, die sich zur Feldarbeit niedergehockt hatte, ein Kava-Trieb in den Schoß gewachsen sein und sie erregt haben, bis die Frau die virile Wurzel ausriss und zu den Männern trug.

Auch die Mütter schminken sich zum Initiationsfest und legen die Dorftracht an

Die wiederum hockten sich nieder und begannen, die Wurzel zu zerkleinern – wie noch heute, wie jetzt: Gruppen von Männern sitzen um Palmblätter, nagen konzentriert Stücke von Kava-Wurzeln ab, zerkauen sie zu einem zähen Brei und spucken den auf die Blätter; vor Muna liegen bereits acht feucht glänzende Batzen.

„Es ist gleich so weit“, sagt er freudig, uns aber zieht sich der Magen zusammen: Nach den traditionellen Regeln südpazifischer Höflichkeit wird das Kava für Freunde, Nachbarn und Gäste vorgekaut – die Klumpen werden wir, verdünnt mit Wasser, gleich trinken müssen.

Ein junger Bursche schleppt einen Eimer aus rotem Plastik heran, dann wird die Masse aus Kava und Speichel in einen Reissack gefüllt, mit Wasser vermischt, durchgeknetet und ausgewrungen. Muna reicht uns halbierte Kokosschalen. Die Flüssigkeit darin sieht aus wie das Wasser einer schlammigen Pfütze.

„In einem Zug“, befiehlt Muna.

Und wir stürzen die trübe Brühe hinunter. Ein holziger, bitterer Geschmack erfüllt den Mund, dann verschwindet jedes Gefühl aus Lippen und Rachen, wie bei einer örtlichen Narkose. Nicht unangenehm – vor allem, weil uns kurz darauf ein sanftes Wohlgefühl erfasst. Kein Schwindel, keine Halluzinationen, der Kopf bleibt klar. Nur Arme und Beine entspannen sich, als hätten wir Valium geschluckt.

Das also ist der Kava-Rausch, die große Leidenschaft der Südsee. *Piper methysticum* nennen Botaniker das Kava: eine Wurzel aus der Familie der Pfeffergewächse, die sedierend und angstlösend wirkt und weltweit als Stimmungsaufheller vermarktet wird – und die auf dem Nakamal doch weit mehr ist als die Summe ihrer Wirkungen.

Im Kava-Ritual spiegelt sich die Ordnung der Gesellschaft, die strenge Hierarchie der Buschwelt. Kleine, noch nicht beschnittene Jungen dür-

»Ohne die Genehmigung der Chiefs geht nichts. Und die wissen, wie sie unsere Geduld auf die Probe stellen«

Alle Notizen: Andrian Kreye

fen zwar bei den Männern sein, die Wurzel jedoch nicht berühren. Beschnittene, aber noch „jungfräuliche" Buben kauen und verarbeiten das Kava mit Wasser. Beschnittene und bereits sexuell aktive Jungen kauen, verarbeiten aber nicht mehr – und müssen schweigen. Erwachsene Männer kauen und unterhalten sich; und die Führer des Dorfes trinken, wenn keine Gäste anwesend sind, als Erste. Eine Kava-Runde gibt also exakt die Rangfolge im Dorf wieder.

Die Männer reichen einander die Schalen, und stets spucken sie den letzten Schluck mit lautem Prusten auf den Boden – jeder Auswurf ein Stoßgebet an die Vorfahren, eine kleine Opfergabe. Schon 1839 begegnete ein Missionar einem Tannaer, der den Prediger nötigte, den Mund zu öffnen, um in dessen Rachen zu spucken und so die bösen Ahnen, die aus der Kehle aufsteigen mochten, zu bannen.

Lachend reicht uns Muna die zweite Schale. Und eine dritte. Dann löst sich die Runde plötzlich auf, Muna winkt uns unter ein Strohdach, wo Matten aus Palmblättern liegen: „Wir müssen jetzt Ruhe geben." Um dem wichtigsten Effekt des Kava nachzuspüren: dem Gespräch mit der Geisterwelt, der Unterhaltung mit den wahren Herrschern der Südsee, den Vorfahren.

Es riecht nach feuchter Erde, nach Rauch und nach Pflanzenmoder. Stille

Am Morgen nach dem Beschneidungsfest kehrt im Ort Loonékaweuk der Alltag zurück: Die Gäste sind nach der Zeremonie abgereist, und die Kinder waschen die Schminke von ihrem Körper

senkt sich über den Nakamal. Moskitos surren. Vereinzelt fallen Tropfen von den Blättern, zuweilen hört man ein Räuspern, ein verstohlenes Murmeln. „Listen to the ancestors“, flüstert Muna, hört auf die Ahnen, „listen to the kava.“

~

Welche Ahnen? Jene vielleicht, die 1606 am Strand von Espiritu Santo standen, der größten Insel des heutigen Vanuatu, und drei riesige Schiffe mit Weißen an Bord ankern sahen? Pedro Fernandez de Quiros, portugiesischer Abenteurer in spanischen Diensten, hatte die Flotte von Peru aus über den Pazifik geführt – doch nach 54 Tagen, zermürbt von Krankheiten und einer meuternden Crew, musste er die neu entdeckte Insel wieder verlassen, die er für den Teil eines großen Kontinents gehalten und auf den Namen „Australia del Espirito Santo“ getauft hatte.

Oder jene Ahnen, die traditionell in einer Gesellschaft aus engen Dorfgemeinschaften lebten? In der Nachbarstämme in konstantem Krieg untereinander lagen? In Kämpfen, die selten großräumige Angriffe waren, sondern kleine Überfälle und Hinterhalte, mit dem Ziel, ein oder zwei Gegner zu fangen und sie am heimischen Lagerfeuer zu verspeisen. (Auch gegen die ersten Missionare, die von 1839 an die „Frohe Botschaft“ nach Vanuatu brachten, verteidigten sich die Einheimischen zunächst nach altem Brauch – und aßen zwei von ihnen auf.)

Kinder einer Dorfschule auf Mystery Island vor Anetchom singen für Kreuzfahrttouristen. Ein Tagesbesuch bringt mehr Geld ein, als in einem Monat mit Fischerei und Viehzucht zu verdienen ist

Oder jene Ahnen schließlich, die sich von der Sache Jesu überzeugen ließen, rasch die christliche Lehre annahmen und Vanuatu zu einem tiefgläubigen Land machten? Fast alle christlichen Religionsgemeinschaften haben Anhänger auf den Inseln: Presbyterianer, Anglikaner, Katholiken, Adventisten, Mormonen, Kirche Christi, Zeugen Jehovas, Protestanten – die alte Zerrissenheit scheint in den neuen Kirchen auf.

Auch die Kolonialzeit brachte keine Einheit auf den Archipel. Sandelholzhändler plünderten die Baumbestände, viele Insulaner wurden entführt, um auf den Zuckerrohrplantagen Australiens oder in den Nickelminen Neu-Kaledoniens zu arbeiten wie Sklaven; viele starben.

Jene, die zurückkehrten, brachten immerhin eine gemeinsame Sprache mit – das Bislama, das die Fremdarbeiter in den Baracken und auf den Plantagen selbst entwickelt hatten. Aber noch heute gilt Vanuatu als das Land mit der größten linguistischen Vielfalt der Erde, bezogen auf die Einwohnerzahl: Die 180 000 Menschen sprechen über 100 Sprachen und Dialekte. Damit verfügen sie über weit mehr Idiome als über Krankenhäuser (5) und Ärzte (20).

Als hätte die Zersplitterung Vanuatus auch die Kolonialmächte infiziert, wurde das Land zu einem Kuriosum des Imperialismus: Von 1906 bis zur Unabhängigkeit 1980 regierten Fran-

Im Hüpfschritt durchs Dorf: Zwei Jungen spielen in Lenapuas auf Tanna.
Autos sind hier eine Seltenheit – die Kinder müssen nur aufpassen, auf den Wegen nicht mit einer Hühnerfamilie zusammenzustoßen

zosen und Engländer – nach jahrzehntelangem Gerangel – das Inselreich gemeinsam, was eine absurde Verdoppelung der Bürokratie zur Folge hatte: Es gab zwei Polizeikräfte, zwei Gesundheits-, zwei Schul- und zwei Gefängnissysteme, sogar zwei Währungen. Die Ni-Vanuatu aber, die Ureinwohner des Archipels, galten bis zur Unabhängigkeit als „staatenlos".

~

Auf der kleinen Insel im milden Türkis des Pazifik herrscht schon am frühen Morgen Betrieb. Körbe werden aus einem Motorboot ausgeladen, Bündel und Gerät in Hütten verstaut. Im Palmenhain hinter dem Strand bauen die Bewohner des nahe gelegenen Dorfes Stände auf. Am nächsten Tag wird ein Kreuzfahrtschiff nach Mystery Island kommen und seine Passagiere für einige Stunden auf dem Eiland abladen, das als „Paradise Island" im Programm angepriesen wird.

Tags darauf ist schulfrei. Die Kinder müssen singen. Artig sitzen sie im Palmenhain, trällern Volkslieder und die Nationalhymne des Landes: „Plante fasin blong bifo i stap, plante fasin blong tedei, Yumi, Yumi, Yumi i man blong Vanuatu" – wir haben viele Traditionen, wir finden neue Wege, wir sind das Volk von Vanuatu.

Die ersten Australier kommen: beleibt, betagt, beschwingt vom Begrüßungscocktail, den ihnen ein amerikanischer Kellner im Smoking serviert hat. Sie steigen aus den Barkassen, sehen sich begeistert um: „Marvellous, wonderful, it's paradise." Und so kommod: Eine Runde um die Mini-Insel dauert nur ein paar Minuten. Dann setzen sich die Gäste an den Strand, blinzeln ängstlich in die Sonne, die schon am Vormittag steil auf ihre weißen Körper brennt. Für zehn australische Dollar können sie sich im Auslegerkanu zum Riff paddeln lassen, für fünf Taucherbrille und Schnorchel mieten. Die meisten halten sich an Dosenbier, das kostet drei Dollar.

Die Einheimischen spielen ausdauernd Südsee. Singen, tanzen, lächeln. Das fördert den Absatz: von Muschelschmuck und von Kokosschalen, Schnitzereien, Baströcken, Matten. Am Ende hat der Tagesbesuch dem Dorf mehr eingebracht als Fischerei und Landwirtschaft im gesamten restlichen Monat.

~

Es ist vier Uhr morgens, als eine Frau namens Gumé in dem kleinen Dorf Ipay nördlich von Tannas Hauptstadt Lénakel aufwacht, sich von dem rohen Holzpodest, das sie sich mit ihrem Mann und den drei Söhnen als Bett teilt, erhebt, die Taschenlampe nimmt und aus der Hütte schleicht. Finster ist es und kühl, nach dem Regen der letzten Tage hat sich Nebel im Geäst des Waldes verfangen. Die große, kräftige Frau läuft zum Langhaus hinüber, wo bereits andere Frauen sitzen, frisches Holz auf die Feuerstellen legen und sich auf den Tag vorbereiten, auf einen großen Tag für ihr Dorf: Von überall her sind Gäste gekommen, um die Initiation dreier Knaben in die Welt der Männer zu feiern.

Gumés Sohn Maxon ist einer der Jungen. Drei Monate lang hat sie ihn nicht sehen dürfen, war er in den Wald verbannt. Zuvor hatte der *tupunis* – der Schamane des Dorfes, der mit den Geistern spricht und die heiligen Steine hütet – die Knaben in einer Hütte beschnitten. Danach mussten sie fernab der Gemeinschaft leben, versorgt von Vätern und Onkeln, und essen durften sie nur mithilfe eines speziellen Holzstabs.

Kurz nach Sonnenaufgang werden die drei Jungen aus dem Wald geholt. Musikanten blasen auf Schneckenhörnern, um Frauen zu warnen, den Weg der Knaben zu kreuzen – auch das ein Tabu. Nackt und verschüchtert stehen die Jungen vor dem Dorf. Der Tupunis, ein magerer, grauhaariger Mann in löchriger Hose und Polohemd, zeichnet ihnen mit einem Pinsel blaue und gelbe Linien auf

»Die Fischer haben mich vor Haien gewarnt. Aber dem Reiz der Korallenriffe kann keiner widerstehen«

Ein Fischer hat in der Itcharo-Lagune
vor Aniwa einen Fisch mit Pfeil und Bogen erlegt und
tötet ihn mit einem Biss in den Nacken

die Gesichter, schwarze Schnurrbärte unter die Nasen, Kreise um die Augen.

Auch die Mütter schmücken sich, legen die Tracht des Dorfes an: bunt eingefärbte Baströcke und Sarongtücher, Blütengirlanden über den Schultern, Silberflitter im Haar wie Kronen.

Derweil drängen sich die Gäste immer enger auf dem Nakamal, gut 500 Menschen mögen es sein. Gegen Mittag ertönt erneut der dumpfe Ruf der Schneckenhörner. Das Fest beginnt.

Aber was genau? Im Gänsemarsch betreten die erwachsenen Männer des Dorfes den Platz, in ihrer Mitte die drei Knaben. Die Männer formen einen Kreis, gehen in die Knie, erheben einen schrillen, durchdringenden Gesang, stampfen und klatschen, bis der festgetretene Lehm erzittert wie ein hölzerner Tanzboden. Frauen laufen herbei, springen am Rand des Zirkels auf und ab, erwidern die Rufe des Männerchores.

Immer lauter werden die Sänger, frenetischer die Tänzer, bald machen die Zuschauer mit, der ganze Nakamal tanzt; es ist ein energisches, fröhliches Fest, ein bunter Wirbel im dunklen Wald. Bis der Tanz urplötzlich abbricht, kaum zehn Minuten hat er gedauert.

Als wäre nichts gewesen, lassen sich die Tänzer nieder, suchen Freunde. Die Bedeutung des Tanzes und den Sinn der Formationen kann oder will niemand uns erklären. Die wir fragen, sprechen vage von den *kastom*, von den Gebräuchen, (engl.: „customs“), die seit jeher gelten und deren Brisanz vor allem darin liegt, dass sie weiter gepflegt werden. Nach mehr als 150 Jahren Christianisierung.

Und was sagt Gumé? Gar nichts mehr. Stumm und glücklich drückt sie Maxon an sich und verschmiert dabei die leuchtenden Linien in seinem Jungengesicht.

~

In Lenapuas, im Zentrum von Tanna, begrüßt uns Posen Yapeteng, der Chief des Dorfes, ein würdiger Mann mit einem *namba*, einem Penisköcher aus Stroh, den er mit einer Liane um die Hüfte gebunden hat; um den Hals trägt er Kränze aus Blättern, Festtagsschmuck für den Besuch aus Europa.

Muna Iabatu, unser Führer über den Old Tanna Highway, hat den Kontakt nach Lenapuas vermittelt und uns auch bei den Geschenken beraten, die wir überreichen: einen Sack Reis,

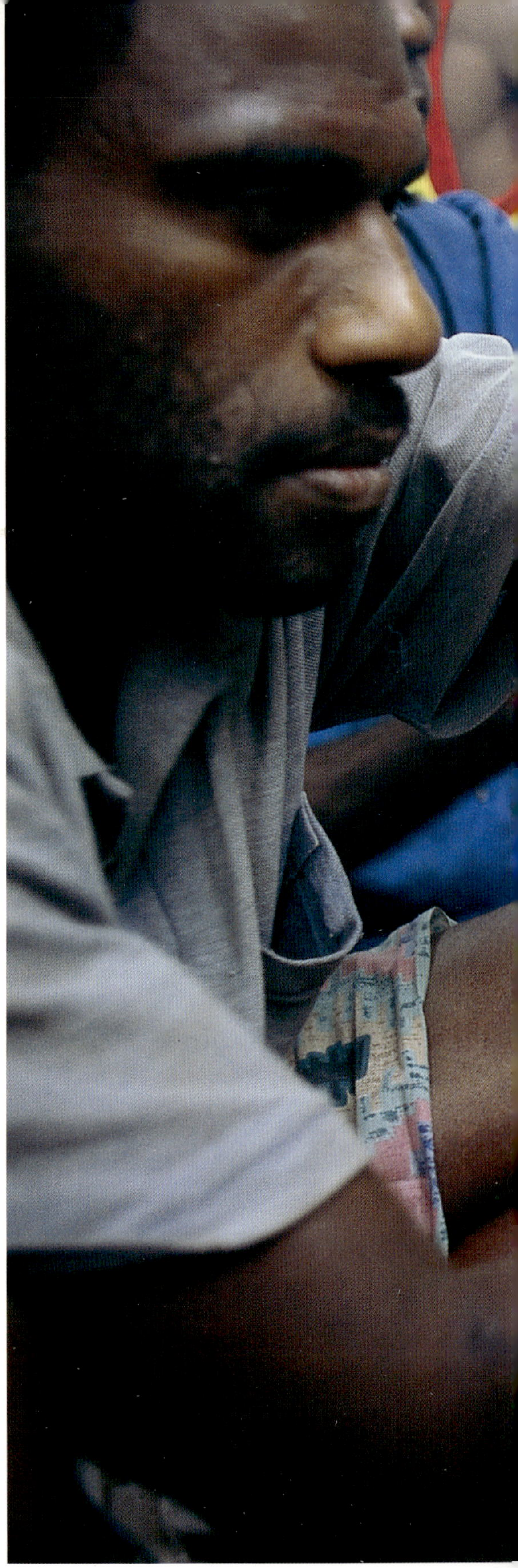

»Die Einheimischen wissen sehr gut, was Weiße von ihnen erwarten. Außerhalb der ›kastom‹-Dörfer sind nur wenige Tänzer authentis

Angekommen in der Welt der Erwachsenen: Ehe ein Dorf die Initiation
der Jungen mit Tänzen feiert, malen Männer den Heranwachsenden bunte Striche,
Kreise oder auch Schnurrbärte in die Gesichter

zehn Dosen Tunfisch, einen Spaten und zwei Messer. Im Gegenzug erhalten wir eine armlange Kava-Wurzel, ein braun gesprenkeltes Huhn, das vergebens versucht, sich von seinen Fesseln zu befreien, und einen Begrüßungstanz.

Eifrig zeigt uns Posen Yapeteng sein Dorf, die Langhäuser mit den Feuerstellen, die Felder im Wald, auf denen Männer mit spitzen Holzpflöcken Löcher für Tarowurzeln in den Boden rammen, eine Lichtung, auf der eine Gruppe Männer und Frauen Baumsetzlinge an Pflöcken festbinden. Das Besondere an Lenapuas aber besteht in dem, was fehlt: Radios, Fernseher, ein Geschäft – nahezu alle Anzeichen der Moderne. Lenapuas ist ein Kastom-Dorf, ein Ort, der willentlich zurückgegangen ist in die Vorzeit, zum Leben der Ahnen.

Beeindruckt vom Warenreichtum des Westens, ahmen die Anhänger der südpazifischen »Cargo«-Kulte dessen Insignien nach

„Vor Jahren sind die Missionare zu uns gekommen, wie überall in Tanna", sagt Yapeteng. „Unsere Vorväter gingen in die Schule, kleideten sich nach dem Vorbild der Weißen und begannen, den Wald abzuholzen, um große Felder anzulegen." Ausgerechnet ein amerikanischer Anthropologe wies schließlich einen anderen Weg: 1971 habe ein Forscher namens Karl Mueller im Dorf gelebt, die Alten nach den Mythen und Bräuchen befragt, ihre Lebensweise erkundet. Da erst fiel den Menschen von Lenapuas auf, was sie zu verlieren drohten – und nach heftigen Diskussionen entschied sich der Stammesrat für die Rückkehr zu den Traditionen.

Nun forsten sie den Wald wieder auf, um wie früher das Gemüse zwischen den Bäumen zu ziehen, was den Boden schont. Sie unterrichten ihre Kinder selber, sie tragen nur dann Hosen oder T-Shirts, wenn sie eines der christlichen Dörfer oder die Inselhauptstadt besuchen, und sie beten wieder zu den heiligen Steinen im Wald, die jahrhundertelang im Mittelpunkt des melanesischen Glaubens standen: schlichte Steinbrocken, die Pflanzen und Tiere repräsentieren

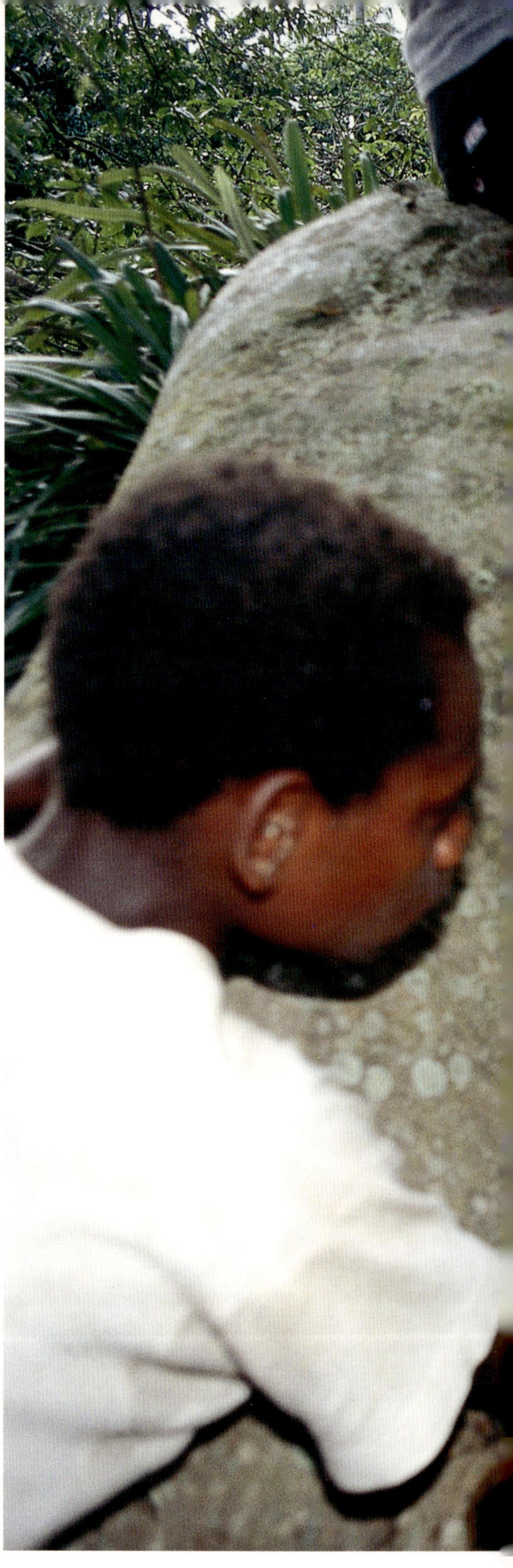

Am Tag wird geprobt, in der Nacht gefeiert: Die Gäste üben für das Nekowiar-Fest, die einstige Waffenstillstandsfeier auf der Insel Tanna, den traditionellen Toka-Tanz, der die Fruchtbarkeit der Felder symbolisiert

und denen magische Kräfte zugesprochen werden.

Lenapuas ist die Speerspitze einer Bewegung, die immer mehr Dörfer erfasst auf Vanuatu. Die Rückkehr zu den Kastom gilt manchen Ni-Vanuatu als Rettung vor einem Fortschritt, dessen Verheißungen sich bislang nicht erfüllt haben.

~

Wie kommt man auf Tanna vorwärts, wenn man nicht durch den Busch geht? Antwort: mit einem Allrad-Pick-up. In Begleitung eines Einheimischen geht das problemlos: Der Fahrpreis beträgt 300 bis 600 Vatu, zwei bis vier US-Dollar; wer aussteigen will, schlägt auf das Dach des Fahrerhauses und wird abgesetzt.

Für Fremde wie uns aber, ohne lokalen Begleiter, steigen die Preise – auf 50 Dollar pro Tour. Das verlangt zumindest der Fahrer, den wir im schäbigen Hafenort Lénakel ansprechen. Sofort scheucht er die einheimischen Mitfahrer von der Ladefläche: Für 50 Dollar hätten wir das Mobil für uns allein. Kein Handeln, kein Jammern bringt uns zum normalen Tarif zurück. Das gleiche Spiel beim nächsten, beim übernächsten Taxi.

Vielleicht kann uns Chief Tom helfen, ein legendärer Häuptling, der eine ganze Flotte von Pick-ups befehligt. Es dauert nicht lange, bis er auftaucht, ein Hüne in brandneuen Shorts und einem Polohemd, unter dem eine dicke Goldkette aufblitzt. Ein Siegertyp, einer der reichsten Männer des Landes.

Chief Tom versteht es meisterhaft, die Missionare gegeneinander auszuspielen, die hier um jede Seele kämpfen. Alle zwei bis drei Jahre, erzählt er in sonorem Bariton, wechsele er die Gesinnung, sei schon Presbyterianer, Katholik und Adventist gewesen, lasse sich zur Schulung ins Ausland fliegen und komme

Drei Tage dauert das alljährliche Nekowiar-Fest – ein kräftezehrendes Ereignis. Doch auch die Alten feiern mit

Atempause: Die Gastgeber warten darauf, den Nao-Tanz zu proben, der die Geschenkübergabe ankündigt. Nach den Regeln des Nekowiar-Festes lädt ein Dorf die Bewohner eines anderen Ortes zur Feier ein. Die Gäste bedanken sich dafür mit dem Toka-Tanz

anschließend mit reichlich Gewinn bringender Ware zurück.

Oder er lässt sich beschenken. Einen *bigman*, einen einflussreichen Inselführer, würden halt alle Glaubensrichtungen umwerben, sagt Chief Tom und grinst. Krachend fällt seine schwere Hand auf den neuesten Truck seiner Flotte; den hätten ihm Mitglieder des Bahaii-Glaubens geschenkt.

Und sein Tarif für eine Taxifahrt? Er mustert uns kühl: „50 Dollar."

White Sands im Osten Tannas ist ein abweisendes Dorf. An dessen Südende beginnt das Aschefeld des Yasur, der die Hütten immer wieder unter gewaltigem Grollen beben lässt und mit einem schmierigen Aschenregen überzieht. Ein paar Kinder spielen mit Kieselsteinen Murmeln, auf dem Nakamal sitzen drei schroffe Männer, die meinen Gruß erwidern mit der Aufforderung, fünf US-Dollar zu zahlen: den Eintrittspreis für das Dorf. Kaum haben wir ihnen das Geld gegeben, zischt einer der Männer: „Now you go. Walk village", und dreht uns den Rücken zu.

Das einzige Geschäft in einer fensterlosen Baracke öffnet erst, nachdem wir lange an der Tür gerüttelt haben. Ein Mädchen schlurft herbei, schließt auf, stellt sich hinter den Tresen und starrt auf den Boden.

Etwas zu essen? Ohne aufzusehen, deutet die junge Frau auf die Regale,

Ein Tanz als Gastgeschenk: Beim Toka stellen die Besucher eine riesige Jams-Knolle dar. Dazu stellen sie sich im Kreis auf, stampfen mit den Füßen auf den Boden und singen

wo ein paar Taschenlampen liegen, einige Batterien, eine Schachtel Nägel, rostige Corned-Beef- und Fischdosen. Wortlos kassiert sie 100 Vatu, etwa 0,75 Euro, für Makrelen in Tomatensirup und eine Flasche Limonade.

Über dem Rasen hängen, an drei weiß gestrichenen Bambusmasten, die Provinzfahne, die US-Flagge und ein Banner der US-Marines; neben den Masten steht ein großes rotes Kreuz. Es sind die Insignien eines Kultes, der auf Tanna und einigen Nachbarinseln weit verbreitet ist – des „Jon Frum Movement".

Der Kult steckt in einer Krise, und vielleicht sind die Dörfler deshalb so barsch – aus Verunsicherung. Die Krise begann vor ein paar Jahren, als Anführer der Bewegung ihre Ge-folgschaft zu einer großen Kund-gebung mit dem Versprechen lockten, auf ihr würden die wieder auferstandenen Moses und Abraham zum Volk reden. Als diese wider Erwarten nicht erschienen, prügelte der Mob die Prediger krankenhausreif, und der Kult versank in Selbstzweifeln.

Ein tragischer Glaube ist er von Anfang an gewesen, ein großes Missverständnis. Ins Leben kam das Jon Frum Movement in den 30er Jahren des vergangenen Jahrhunderts, als ein Mann namens John Frum auf Tanna aufgetaucht sein soll; vielleicht handelte es sich auch um einen „John from America", vielleicht um einen Geist, vielleicht um Johannes den Täufer – darüber wird bis heute gestritten.

John und seine Exegeten jedenfalls predigten den Menschen, christliche Kirchen zu meiden und ihre Kastoms wieder zu beleben, weil dann die Rettung nah wäre: Berge würden abgetragen, Täler aufgefüllt, die Europäer vertrieben, alle inhaftierten Ni-Vanuatu befreit werden. Vor allem aber würde ein endloser Strom von Gütern über die Inseln kommen, ein Wohlstand, in dem bis dahin nur die Kolonialherren lebten.

Als wenige Jahre später US-Truppen im Zweiten Weltkrieg tatsächlich mit Reichtümern auf die Inseln kamen, mit Zigaretten und Kühlschränken und Flugzeugen, hielten viele die Prophezeiung für erfüllt. Einige Ni-Vanuatu begannen, ihr Geld wegzuwerfen, ihre Gärten zu verwüsten, die Tiere zu schlachten – in Erwartung des nahen Heils. Und so warten sie bis heute.

Aber nicht tatenlos, nicht passiv. Rituale sind entstanden, um den Überfluss doch noch nach Tanna zu lenken. Die Jon-Frum-Prediger kleiden sich in Imitationen US-amerikanischer Uniformen, mit Orden und Abzeichen aus Dosenblech. Sie bauen miniaturisierte Flugbasen mit Radartürmen aus Gras und Radioantennen aus Lianen, um reich beladene Flugzeuge anzulocken.

Sie murmeln magische Formeln, in denen sich Begriffe der Fliegerspra-

Auf Sänften tragen die Veranstalter kurz vor dem
Ende der Nekowiar-Feier Schweine auf den Festplatz. Oft werden kleine
Jungen auf die noch lebenden Tiere gehoben

che häufen, wie „roger and out" oder „you have a landing clearance". Die großen weißen Blüten der Datura nehmen sie als Telefone, zuweilen installieren die Priester „spirituelle Amerikaner", Männerpuppen, die in „Büros" aus Bambus sitzen und den Wohlstand verwalten. Und doch hat es alles nichts genutzt, ist Tanna so arm wie zuvor.

Wie erklären sich Menschen das Unerklärliche? Wie das Unbekannte?

Zum Nekowiar-Fest schmücken sich die Inselbewohner mit buntem Bast und Gesichtsbemalung

Bereits unmittelbar nach dem Eintreffen der ersten Europäer entwickelten sich nahezu überall in Melanesien so genannte „Cargo-Kulte" – als Reaktion auf die Schiffsladungen (cargo) voller Waren, die die Weißen mitbrachten. Wie waren die Fremden an die Reichtümer gekommen, obwohl sie doch offensichtlich nicht arbeiten mussten?

Im melanesischen Denken gab es dafür nur eine Erklärung: durch die Ahnen, die nach traditioneller Vorstellung alle Güter erzeugen. Demnach mussten die Weißen klügere Vorfahren haben, zumindest überlegene Rituale, um die Ahnen zu effektiverer Produktion anzuregen. Deshalb begannen viele Melanesier, die „magischen Riten" der Weißen zu imitieren, bis hin zur Kürzelsprache der US-Piloten.

Ein Missverständnis, und auch eines auf der anderen Seite: Die englischen und französischen Kolonialherren vermuteten hinter den Cargo-Kulten vor allem eine Ausflucht der „faulen" Insulaner, um nicht mehr zu arbeiten – oder sie argwöhnten, wie im Fall des Jon Frum Movement, pro-amerikanische Neigungen. Sie verfolgten die Cargo-Anhänger und deportierten sie; allein von Tanna wurden zwischen 1940 und 1955 mehr als 140 *cultists* vertrieben.

Aber es hat nichts genutzt: Heute ist die Jon-Frum-Bewegung eine aner-

Der Höhepunkt des Festes: In einer langen Reihe präsentieren die Gastgeber ihren Besuchern 110 getötete Schweine – ein wahrer Schatz auf Tanna. Die Gäste dürfen die Tiere später als Geschenke mit nach Hause nehmen

kannte Kirche und entsendet sogar zwei Vertreter ins Parlament von Vanuatu.

~

Einhundertzehn Schweine. Das ist die Richtzahl. 110 Schweine werden am Ende des Nekowiar-Festes blutend auf dem Nakamal von Yabekesem liegen, einem Dorf in den westlichen Bergen Tannas, erreichbar nur über schlammige Pfade. Drei Tage dauert das wichtigste Fest der Insel. Drei Tage, an denen tagsüber die Tänze der Nacht geprobt werden: opulente Inszenierungen mit Hunderten von Tänzern und Tänzerinnen in traditionellen Kostümen aus Baströcken, Blattschmuck, Federn und bunter Bemalung.

Das ganze Leben stellen die Tannaer in ihren Tänzen dar: die Arbeit, den Krieg, das Wachsen der Feldfrüchte, die Bewegungen der Tiere, den Tod. Und auf dem Höhepunkt des Festes formieren sie sich zum Toka-Tanz, um das wichtigste Gut zu zelebrieren: den Frieden.

Über Jahrhunderte hat das Nekowiar-Fest als eine Art Waffenstillstandskonferenz dafür gesorgt, dass die Fehden und Kämpfe der Stämme nicht länger dauerten als ein Jahr. Zu arm ist die Insel, als dass die Stämme sich endlosen Krieg hätten erlauben können. Früher durften sich die Mädchen während des Nekowiar-Festes zudem Männer auswählen und sie ins Dunkel des Urwalds ziehen.

Als am dritten Tag ein Hornsignal die Schlusszeremonie des Festes ankündigt, sinken die Tänzer erschöpft auf die Bastmatten rund um den Nakamal. Es folgt: der Auftritt der Gastgeber. Männer aus Yabekesem betreten den Platz mit Tragegestellen aus Bambus, auf denen grunzende Schweine festgezurrt sind.

Eines nach dem anderen wird auf den Boden gelegt. Männer schwingen ihre Holzkeulen, dreschen den Tieren auf den Kopf, bis diese keinen Laut mehr von sich geben. Hunde laufen herbei, lecken das Blut auf, das den Opfertieren aus den Schnauzen rinnt.

Schließlich werden die Kadaver in eine Reihe gelegt, die Häuptlinge peilen über ihre Daumen, immer wieder werden die Leiber zurechtgerückt, bis sie eine schnurgerade Totenstraße bilden. Erst dann sind die Feiernden zufrieden. Das Ziel ist erreicht: 110 Schweine. Die Gäste werden die Tiere am nächsten Tag in ihre Dörfer tragen, als Zeichen, dass sie das Friedensangebot ihrer Gastgeber akzeptiert haben.

~

Die Überfahrt zur Nachbarinsel Aniwa dauert einen halben Tag. Wie ein bemooster Stein liegt unser Ziel im silbrigen Blau des Meeres. Der Skipper sucht die Küste mit dem Feldstecher ab, versucht ein Land zu lesen, das immer wieder das gleiche Thema variiert: Klippen, Korallenriffe, Palmen. Laut Seekarte taugt nur eine einzige Stelle zum Ankern, in der Itcharo-Lagune.

Als wir Essensreste über Bord werfen, schießen drei stromlinienförmige weiße Leiber durch das Wasser: Riffhaie. Nicht groß, aber gefährlich genug, einen Schwimmer in Stücke zu reißen. Erst als mit der Ebbe der Wasserstand sinkt, können wir gefahrlos an Land gehen. Vorbei an Fischern, die mit Speeren und Harpunen jagen und ihre Beute mit einem Biss hinter die Kiemen töten.

Am Strand sitzen ein dicker Mann in Badehose und Unterhemd sowie eine Frau, die einem Jungen das salzverklebte Haar kämmt. Der Mann erhebt sich mühsam und stellt sich formvollendet vor: „Willie Villiamo, Korporal Villiamo, Mitglied der Staatspolizei von Vanuatu, auf Aniwa in bedauernswerter Angelegenheit.“ Es gilt, einen Mord aufzuklären, deshalb hält er sich samt Familie seit zwei Tagen hier auf.

Im Buschdorf Itangutu hat ein Mann versucht, die Frau seines Nachbarn zu vergewaltigen. Der Nachbar griff daraufhin zum Messer und stieß es dem Missetäter in die Brust. Simpler Tathergang, klares Motiv, Täter geständig. Mit dem nächsten Flug wird Korporal Villiamo den Mann nach Tanna bringen, dort wird ihm auch der Prozess gemacht. Noch aber wohnt der Mörder in seinem Dorf, denn es gibt auf Aniwa weder eine Polizeistation noch eine Zelle. Aber weglaufen kann er auf dieser winzigen Insel ohnehin nicht.

Und doch sei seine Mission nicht ganz einfach, sagt Willie Villiamo, finde sie doch an der Schnittstelle zweier Rechtssysteme statt. Fast alle Streitigkeiten unter den 500 Bewohnern Aniwas regelt der Rat der Dorf-Häuptlinge. Kläger und Beklagter bringen auf dem Nakamal ihre Ansicht eines Falles vor; dann wird, bei unzähligen Schalen Kava, diskutiert und ein Urteil gefällt.

Meist hat der Schuldige dem Kläger Schadensersatz in Form von Kava-Wurzeln zu zahlen; bei schweren Vergehen ist ein Schwein abzugeben. Nur Kapitalverbrechen müssen dem Staat gemeldet werden.

Das wirft stets Spannungen auf. Nur unter großem Protest akzeptierte ein Häuptling aus Pentecôte die dreijährige Gefängnisstrafe, zu der er verurteilt wurde, weil er eine seiner drei Frauen enthauptet hatte. Die Frau, argumentierte er, habe er einst gekauft, damit sei sie nach den Regeln des Kastom sein Privatbesitz gewesen.

Besonders dramatisch sind die Landstreitigkeiten. „Land“, schrieb der Kulturgeograph Joël Bonnemaison, „ist von zentraler Bedeutung für die Ni-Vanuatu. Land ist das Herz der

Die beiden ersten Missionare in Vanuatu, im Jahre 1839, fielen noch Menschenfressern zum Opfer. Heute sind 80 Prozent der Inselbewohner Christen. Fast alle Richtungen sind vertreten, wie hier die Presbyterianer auf Tanna

Kultur, es repräsentiert sowohl das materielle wie das spirituelle Leben." Nach melanesischer Sitte gehört jeder Mensch zu einem Clan und jeder Clan zu einem Stück Land. Zerbricht diese Verbindung, zerbricht das Land. Und die Verbindung ist vielerorts zerbrochen. Die Aufteilung des Landes durch die Europäer in Plantagen und Farmen hat die über Jahrhunderte gewachsenen Besitzverhältnisse durcheinander gebracht.

Nun liegen fast 60 Prozent des nutzbaren Stammeslands auf Vanuatu brach, weil die Einwohner sich nicht einigen können, wem das Land gehört; die alten Regelungen greifen nicht mehr und die neuen noch nicht. Spezielle Gerichte versuchen jetzt, die Dispute zu lösen, ein quälend langsamer Prozess.

~

Kurz vor Sonnenuntergang lichten wir die Anker. Kaum haben wir die offene See erreicht, kriechen wir in die engen Kojen. Ein paar Stunden später Wachwechsel. Verschlafen steige ich die Leiter ins Cockpit hinauf. Der Wind weht scharf aus Südost, und die „Freydis" schlingert durch die Finsternis.

Mit einer Tasse Pulverkaffee setze ich mich hinter das Steuerrad. Das Schlingern des Schiffes im Dunkeln verwirrt. Es gibt keinen Orientierungspunkt, keinen erkennbaren Horizont, nur die Sterne am Himmel. Ich erkenne die Täler nicht, in die das Schiff eintaucht, nicht die Brecher, die über die Reling schwappen. Auch das Zeitgefühl schwindet.

Cowboys in der Südsee: Im »South Santo Cuttle Project« auf Espiritu Santo werden Rinder für den Export gezüchtet – ohne Mastmittel und Pestizide

Unbewegt starre ich auf den Kompass, sehe zu, wie die Nadel mit jedem Wellenschlag um ein paar Grad verrutscht und wie der Autopilot sie wieder langsam ins Lot bringt. Ein nicht enden wollender Kampf des Bootes gegen die See.

Der Südpazifik ist ein anspruchsvolles Segelrevier. Wegen der Taifune, der tückischen Küsten, vor allem aber, weil die Landmassen so winzig im Ozean liegen. Verrechnet sich ein Skipper nur um ein paar Grad, segelt er ins Leere. Im Zeitalter von Seekarten und Global Positioning System keine allzu große Gefahr – aber umso mehr ein Grund, die Navigationstechniken der ersten Bewohner Melanesiens zu bewundern.

Möglicherweise von Taiwan, so eine These, sind sie einst aufgebrochen, bereits vor 5000 Jahren, und arbeiteten sich rasch mit hochseetüchtigen Auslegerkanus über Papuas Küsten und die Salomonen bis auf die Eilande Vanuatus vor. Hölzerne Stabkarten erlaubten präzises Navigieren auf offener See; anhand des Wellenschlags, der Windrichtung, der Wasserfärbung und -temperatur konnten die Argonauten des Südens zuverlässig Richtung und Entfernung zur nächsten Insel abschätzen.

An Bord hatten sie zudem alles, was sie zur Gründung neuer Kolonien

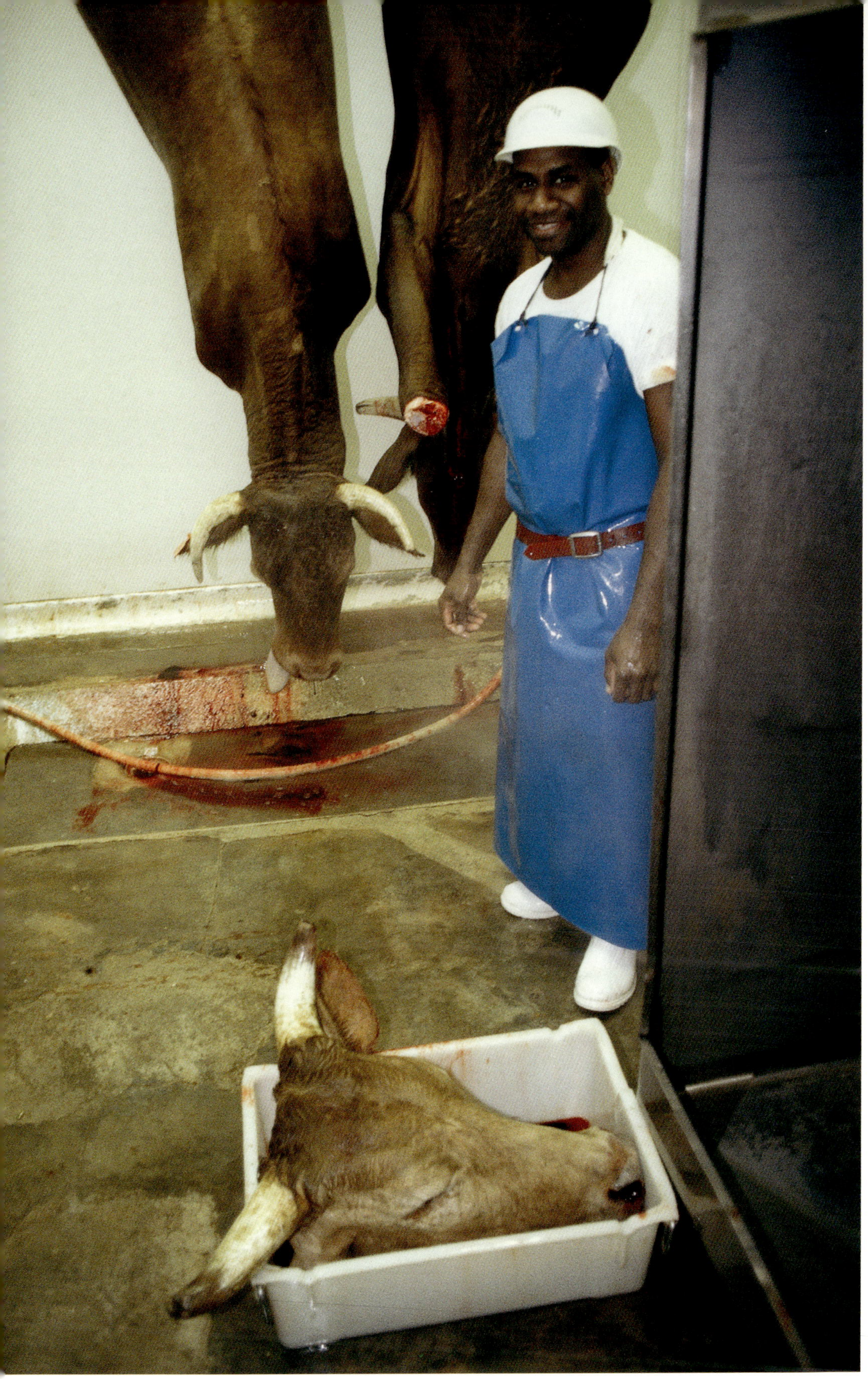

Der Schlachthof der »Santo Meat Packers« auf
Espiritu Santo verarbeitet täglich rund 40 Rinder. Vor allem in Japan
ist das hochklassige Fleisch sehr begehrt

benötigten, und trugen so eine ganze Kultur innerhalb von drei Jahrtausenden von den Küsten des heutigen Papua-Neuguinea bis zur Osterinsel und nach Hawaii.

~

Anderswo wäre ein Ort mit 38 000 Einwohnern einer unter vielen – Port Vila auf der Insel Éfaté hingegen ist die Landeshauptstadt. Die hufeisenförmige Mélé-Bucht säumen weiße Holzhäuser hinter Hecken aus Bougainvilleen, im Hafen schwimmen Yachten von Segelurlaubern, im Süden, an der Erakor-Lagune, reihen sich teure Ferien-Resorts, in denen der Großteil der jährlich 50 000 Besucher auf Vanuatu unterkommt. Mittendrin der CBD, der Central Business District, am Kumul Highway: Restaurants, Geschäfte mit dürftigem Sortiment, Banken hinter Betonfassaden und verspiegelten Fenstern.

Vanuatu ist ein Steuerparadies: Es gibt weder Einkommens- noch Kapitalertragssteuer, weder Unternehmens- noch Grundsteuer (der Staat finanziert sich durch Tourismus und indirekte Abgaben wie etwa eine Mehrwertsteuer); zudem keinerlei Beschränkungen beim Im- und Export von Devisen, und das Bankgeheimnis wird strikt gehütet.

So ist in Port Vila eine *tax heaven*-Industrie gewachsen, mit Banken, Anwälten, Vermögensverwaltern und Briefkastenfirmen. Sie beschäftigt zwar nur rund 450 Menschen, erwirtschaftet aber 15 Prozent des Bruttosozialprodukts der Inselkette. Als vor ein paar Jahren einige Geldinstitute in Frankfurt und New York beschlossen, alle Dollar-Überweisungen von und nach Vanuatu zu stoppen, weil das Land im Verdacht steht, große Mengen an schmutzigem Geld zu waschen, war das ein existenzgefährdender Schlag.

Doch wie sonst sollte das Land Geld anlocken? Wie sich behaupten in einer Weltwirtschaft, die auf Vanuatu sofort und restlos verzichten könnte?

Man muss nicht viele Cocktails in der Waterfront Bar getrunken haben, um darüber ins Grübeln zu geraten, überwältigt von der erdrückenden Schwächlichkeit des Landes.

~

Der Parlamentssitz der Republik Vanuatu liegt auf einem Hügel über der Stadt: ein heller Bau mit geschwungenem Dach; ringsum akkurat geschnittener Rasen, einige Palmen. Den Sitzungssaal zieren Holzpaneele, dicker Teppichboden und Pulte, hinter denen 52 Abgeordnete sitzen. Die meisten tragen Tropenhemden und T-Shirts.

Ein Parlamentarier beklagt, dass Yachtbesitzer in Vanuatu gefahrlos die Einreisebestimmungen umgehen können, weil das Land nur ein einziges Patrouillenboot besitze, zudem fehle es meist an Benzin. Der Vorschlag, die Polizei verstärkt zur Yacht-Kontrolle einzusetzen, findet allgemeine Unterstützung. Auch wenn jeder hier weiß, dass dies kaum Abhilfe bringen wird.

Donald Kalpokas, ein wuchtiger Mann im dunkelgrauen Anzug, verfolgt die Debatte aufmerksam; er ist Vanuatus Premierminister. Später feiert er in seinem Regierungssitz, einem schmucklosen, zweistöckigen Flachbau, seinen 56. Geburtstag. Der Chauffeur schleppt zwei Kanister Kava auf den Balkon; der Premier und seine Angestellten kippen die Schälchen zügig hinunter und spucken, wie es die Tradition verlangt, den letzten Schluck mit lautem Prusten über die Balustrade.

Der Regierungssprecher bemerkt mein Zögern. Er lächelt und wispert mir zu: „Mein Herr, auch Sie sind herzlich eingeladen zu spucken.“

~

„Warum bekommen wir nur noch so wenig Geld für unser Kopra?“, ruft ein zorniger Bauer, der seinen Lebensunterhalt mit getrocknetem Kokosfleisch verdient, das im Aus-

Die moderne Seite Vanuatus: die Hauptstadt Port V

land zu Speisefett und Seife verarbeitet wird. Es ist das Wochenende nach der Parlamentssitzung, und es ist Wahlkampf.

Premier Kalpokas fährt mit zwei Lastwagen voller Parteigänger seiner „Vanuaaku Pati“ durch den Busch der Insel Malo südlich von Espiritu Santo, um den dortigen Parlamentskandidaten zu unterstützen. Der Regierungschef trägt, ganz volksnah, ein türkisfarbenes Tropenhemd und gelbe Badelatschen.

Geduldig erklärt er dem aufgebrachten Mann bei einer der vielen Kundgebungen die Zusammenhänge: „Wir sind nicht die einzigen, die Kopra verkaufen. Es gibt Kopra aus Bangladesch und aus Südostasien. Da sinkt der Weltmarktpreis.“

„Was für ein Weltmarktpreis?“

Donald Kalpokas kennt solche Auseinandersetzungen. Wo immer er auftaucht, wird aus einer Wahl-

»Die Fischer wollen wissen, wie viele Tage wir von Deutschland aus hierher gesegelt sind«

kampfveranstaltung rasch eine Nachhilfestunde in Staatsbürgerkunde. Da ist zum Beispiel noch die Sache mit dem hiesigen Oppositionskandidaten. Der Mann ist vorbestraft. Laut Polizeiakte wegen „Trunkenheit, tätlichen Angriffs und inzestuösen Geschlechtsverkehrs mit einer Minderjährigen".

Die Stimme des Premiers nimmt einen strengen Ton an: „Ihr könnt nicht einen Mann wählen, der wegen eines Verbrechens verurteilt worden ist. Der fliegt nach dem Gesetz sofort wieder aus dem Parlament. Dann habt ihr keine Vertretung."

Einwand aus der Menge: „Aber der Mann ist doch frei!"

Kalpokas unterdrückt einen Seufzer. „Er ist auf Bewährung frei. Schuldig ist er trotzdem."

Wie regiert man einen Staat aus 82 Inseln, in dem nur ein Drittel aller Menschen lesen und schreiben können, in dem die Mehrheit der Bevölkerung von Subsistenz-Landwirtschaft lebt und dessen Budget umgerechnet gerade einmal 140 Millionen Mark beträgt?

Seit der Unabhängigkeit 1980 bemühen sich Politiker um eine Antwort. Der erste Premier des freien Vanuatu, der anglikanische Priester Walter Lini, versuchte es mit der Utopie eines von Auslandskapital unabhängigen Südseestaates – was das Land rasch in eine Wirtschaftskrise führte.

1991 zog Donald Kalpokas die Notbremse und stürzte Lini in einem gewaltlosen Putsch. Seither allerdings hat kein einziger Premier seine vierjährige Amtszeit überstanden (und auch Kalpokas muss, kurz nachdem wir die Insel verlassen haben, zurücktreten, um einem Misstrauensvotum im Parlament zuvorzukommen).

Kalpokas' Programm bestand aus einem Spagat: Stärkung der Dorfgemeinschaften und der Kastom einerseits, vor allem, damit die Ni-Vanuatu nicht auf die Idee kamen, ihre Dörfer zu verlassen und in die wenigen Städte zu ziehen – auf dem Land musste wenigstens niemand hungern. Andererseits hat Kalpokas weite Teile der Wirtschaft Ausländern überlassen, etwa die Strom- und Telefonversorgung französischen und den Straßenbau australischen Firmen – anders würde der Aufbau nicht funktionieren, meinte der Premier.

Auch wenn das den Stolz der jungen Nation erheblich gekränkt hat – auf den Dörfern von Malo kam seine Botschaft an diesem Nachmittag an:

Eigentlich eine perfekte Kathedrale
für die Anhänger des Cargo-Kults: Tankstelle an der
Uferpromenade von Port Vila

„Pflanzt eine Palme und ihr werdet in vier Jahren Kopra verkaufen. Gebt auch mir Zeit." Während in der Hauptstadt bereits Widersacher seinen Sturz vorbereiteten, klatschten die Zuschauer ausdauernd Beifall. Und artig bedankte sich der Premier: „Chief elder, bigbig man, bigbig woman. Tangkyu tumas for welkam mi toktok to yu."

~

Allan Power ist kein sehr gesprächiger Mensch. Seine Welt liegt 40 Meter unter der Wasseroberfläche: rund um die „SS President Coolidge", eines der berühmtesten Wracks in der Südsee. Das ehemalige Luxusschiff lief als Truppentransporter der amerikanischen Armee im Oktober des Jahres 1942 vor Espiritu Santo auf zwei Minen. Mehr als 5000 Menschen waren an Bord; bis auf ein Besatzungsmitglied und vier Soldaten konnten alle ans nahe Ufer gerettet werden.

Über 15 000 Tauchgänge hat Allan Power, ein 67-jähriger Australier mit kahl rasiertem Schädel und gedrungener Statur, hinter sich, und noch immer zieht es ihn fast täglich in die Tiefe. An einem felsigen Strand, an dem Palmen bis dicht ans Meer wachsen, gehen wir ins Wasser. Blaue Düsternis umgibt uns, die Sicht beträgt keine zehn Meter, und nur die fahlen Lichtfinger unserer Taschenlampen erlauben ein wenig Orientierung – bis plötzlich der Rumpf

An manchen Orten ist die Südsee tatsächlich
so, wie Europas Entdecker sie sich einst erträumt haben –
etwa am Strand von Lonok auf Espiritu Santo

vor uns auftaucht, ein schwarzgraues Gebirge aus Stahl.

Eine bizarre Landschaft. In den Laderäumen liegen Jeeps, Lastwagen, Kanonen und Maschinengewehre – durcheinander gewirbelt wie in einer Spielzeugkiste. Vorsichtig schwimmen wir in einen schmalen Gang. Ein Schwarm Fische huscht an uns vorbei, farblos wie Fledermäuse bei Nacht. Allan Power deutet durch eine Türöffnung: der Speisesaal der Mannschaft. Als hätten die Matrosen und Soldaten das Schiff erst gerade eben verlassen, liegen Teller, Besteck und Becher auf dem Boden.

Auf Espiritu Santo erlangte Vanuatu für einen kurzen Moment welthistorische Bedeutung. Santo war die zweitgrößte pazifische US-Basis im Zweiten Weltkrieg; 500 000 GIs zogen von hier in die Entscheidungsschlachten im Pazifik, etwa auf der Salomonen-Insel Guadalcanal. Noch immer herrscht in Luganville Garnisonsatmosphäre, stehen entlang der Hauptstraße die halbrunden Truppenbaracken aus angerostetem Wellblech, in denen heute chinesische Händler ihre Geschäfte betreiben.

Der Rest der Insel ist wieder in tropische Vergessenheit gefallen. Kilometerlang erstrecken sich nahezu menschenleere Strände mit Namen wie „Champagne Beach“ oder „Blue Lagoon“; Palmen werfen Schatten über den Sand, träge laufen die Wellen aus.

Hier hatte der US-Schriftsteller James Mitchener einst die Vision seines imaginären Südseeparadieses „Bali Hai“, und es ist leicht nachvollziehbar, warum.

~

Zügig treibt der Passatwind das Schiff durch die Nacht. Nach Nordwesten, dem Ende unserer Reise zu. Ich sitze auf dem Vordeck und kneife die Augen zusammen. Im Licht der Mondsichel verlieren sich alle Formen, hier und da leuchtet matt eine Schaumkrone.

Irgendwo in der Weite vor uns liegen die Banks-Inseln, wo das nächste GEO-Team darauf wartet, uns abzulösen. Ich lausche den Wellen, die sich am Bug brechen, dem Sprudeln der Gischt, dem leisen Ächzen der Takelage, dem satten Rauschen des Windes in den Segeln. Alles um mich herum ist in Bewegung – und doch scheint die Welt still zu stehen.

Nabu Sam Tamara kommt mir in den Sinn, einer der Häuptlinge auf Tanna, ein sehniger Mann von über 60 Jahren, mit einem grauen Haarkranz und dem Lächeln eines Menschen, der verstanden hat, wie die Welt funktioniert. Wir saßen auf dem Nakamal von Lenapuas,

Zocken, bis der Finger schmerzt: In Luganville auf Espiritu Santo verbringen Frauen ganze Vormittage an Glücksspielautomaten

Bauern auf Malékoula haben sich für ein Tanzfest nach altem Brauch gekleidet. Jahrzehntelang hatten Missionare die alten Tänze auf der Insel als heidnisch verboten. Seit der Unabhängigkeit Vanuatus 1980 finden die Bewohner nach und nach zu den überlieferten Traditionen zurück

tranken Kava, und er flüsterte mir die Geschichte der Erde ins Ohr.

„Am Anfang gab es das Meer und die Kraft“, sagte er. „Die Kraft war der Geist namens Wungen. Der wirbelte so lange durch das Meer, bis er Tanna und Vanuatu geschaffen hatte. Da sah er sich sein Werk an, und als es ihm gefiel, wirbelte er weiter, schuf die Salomonen und Papua. Immer weiter zog er nach Norden und Westen. So entstanden Australien, Asien, Afrika und Europa. Mit jedem Land aber, das Wungen erschuf, wurde seine Kraft schwächer und schwächer. Die letzte seiner Schöpfungen war Amerika, und weil die Kraft seines Geistes nun schon fast am Ende war, gab er den Amerikanern all die materiellen Dinge zum Trost.“

Nabu sah mich herausfordernd an: Ob ich den Sinn der Geschichte verstanden hätte?

Als ich zögerte, sagte er mit ernster Stimme: „Sie bedeutet, dass ihr von uns lernen müsst – nicht wir von euch.“

Dann lachte er laut auf, füllte eine weitere Schale Kava und reichte sie mir. In einem Zug stürzte ich sie hinunter. Mein Kopf wurde klar, und die Beine wurden schwer – wie jedes Mal, wenn ich das Wurzelgetränk zu mir genommen hatte. Und wie jedes Mal wurde es schließlich still auf dem Nakamal, die Männer legten sich auf ihre Matten und starrten in das Dunkel des Waldes.

Listen to the kava.

Volleyball am Ende der Welt: Das Dorf Lembot liegt auf Gaua,
einer der nördlichen Inseln Vanuatus. Sehr viel abgelegener und isolierter
vom Rest der Menschheit kann man kaum leben

Inseln wie au

Kinderträumen

An dem wohl schönsten Ort der Salomonen kennen die Menschen keine giftigen Spinnen und Schlangen, keine Seuchen oder Feindschaften. Tikopia ist so winzig, dass es auf vielen Karten nicht verzeichnet ist. Michael Stührenberg (Text) und Pascal Maitre fanden dennoch den Weg auf das weitgehend unbekannte Eiland. Auf der zweiten Etappe der GEO-Südsee-Expedition erkundeten sie einen Archipel, der noch nahezu unberührt im Ozean liegt

Nur eine schmale Barriere trennt auf Tikopia den Kratersee Te Roto vom Ozean. Der Vulkan ist lange schon erloschen

Nahezu jeden Nachmittag ziehen

Stillen Ozean Gewitterfronten auf und entladen sich mit Urgewalt. Auf manchen Inseln der Ost-Salomonen fallen im Jahr bis zu 5800 Millimeter Regen

Die Dschungelpracht täuscht – Vanikoro,

lich von Tikopia gelegen, ist eine elende Insel: malariaverseucht und bewohnt von Zwangsumsiedlern, die auf Tikopia keinen Platz mehr fanden

Die Nacht vor der Ankunft im Paradies war seltsam. Ich sage „Paradies“, weil die Belesenen an Bord, die zu dieser Stunde noch wach lagen, von Watteau sprachen, jenem französischen Maler des 18. Jahrhunderts, der das Paradies als eine Insel definierte, zu der Pilger aufbrechen, ohne jemals anzukommen, und deren Licht sie nur wahrnehmen, solange es am fernen Horizont leuchtet.

Und ich schwöre, in jener Nacht haben wir dieses Licht gesehen. Die „Freydis“ hatte die Banks Islands, Vanuatus nördliche Inseln, am frühen Morgen verlassen, und ein günstiger Wind hatte das Boot nordostwärts getrieben. Am Nachmittag tauchten hinter uns die letzten Landkrümel außer Sicht. Auch die Tölpel, die dem Schiff in spielerischen Kreisflügen gefolgt waren, waren plötzlich verschwunden, ohne dass wir wussten, wohin. Vielleicht vertiefte der monotone Dialog von Wind und Wellen das Gefühl von Einsamkeit stärker, als wirkliche Stille es vermocht hätte.

Als gegen sechs die Nacht über das Schiff hereinbrach, blieb von der Welt nichts als dieses Rauschen in zwei Tonlagen. Ab Mitternacht hielt ich mit dem Skipper Wache an Deck. Irgendwann entdeckte der Kapitän über der Bugspitze das ferne Licht. Ein Leuchten, das wie eine gewaltige Kuppel auf dem Meer lag. Wir konnten uns keinen Reim darauf machen, glaubten jedoch, dass nur Zeit und Distanz uns von des Rätsels Lösung trennten. Aber eine halbe Stunde später war die Lichtkuppel verschwunden. Gegen drei Uhr drehten wir bei und legten uns in die Kojen.

Im ersten Morgengrauen lag die Insel plötzlich vor uns. Tikopia. Noch farblos. Ein schwarzer Klotz am Ende einer grauen See. Die zackigen Umrisse in den sich aufhellenden Himmel gezeichnet. Die „Freydis“ nahm ihre Fahrt wieder auf, und als wir gegen sieben vor den Korallenbänken Anker warfen, war das Bild endlich komplett: ein wilder grüner Rausch in der blauen Unendlichkeit.

Das verlorene Paradies? Das gleiche, das James Cook und Bougainville gesucht hatten und die Meuterer von der Bounty? Sie alle glaubten an den Himmel auf Erden. Nur suchten ihn die einen in der Natur, die anderen in der Politik. Was zu beträchtlicher Polemik führte zwischen den französischen Philosophen der Aufklärung Diderot und Voltaire.

Der erste träumte, wie Rousseau, vom „edlen Wilden“, davon, dass der Mensch im „Naturzustand“ gut sei. Diderot erfand sogar einen Zusatz zum Reisebericht Bougainvilles, der ja tatsächlich einen „Wilden“ mit heimgebracht hatte, zum Entzücken der Damen am Hof von Versailles. Voltaire hingegen sah eine Verbesserung des Menschen nur über „Zivilisation“ und „Fortschritt“, über die Entwicklung der Gesellschaft.

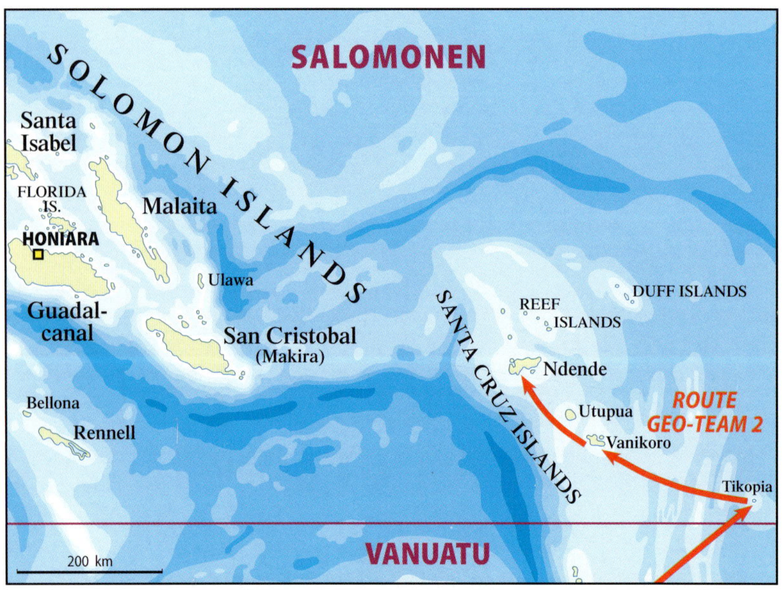

Der Weg des zweiten GEO-Teams: Im äußersten Norden Vanuatus bestiegen Michael Stührenberg und Pascal Maitre die »Freydis« und segelten in Richtung Tikopia. Der erste Teil ihrer Reise führte die Reporter durch die östlichen Salomonen über Vanikoro nach Ndende

Tikopia besteht fast ausschließlich aus einem großen Kraterrand. Vor Vanikoro versanken 1788 die Schiffe »Boussole« und »Astrolabe« des Entdeckers Jean-François de La Pérouse. Ndende ist die größte Insel der Ost-Salomonen – und die einzige mit befestigten Straßen

Für beide Ansichten brachten die folgenden zwei Jahrhunderte nur Desillusion. Voltaires Paradies kam weder über die französische noch die sozialistische Revolution zustande, geschweige denn über jene von Industrie und Technologie. Und was Diderots Naturzustand des Menschen anbelangt, so geht die Suche fieberhaft weiter.

~

Tikopia, polynesischer Vorposten des überwiegend von Melanesiern bevölkerten Salomonen-Archipels, liegt auf 12.10 Grad südlicher Breite und 168.50 Grad östlicher Länge – und mithin verloren im Pazifik. Auf vielen Karten ist es gar nicht verzeichnet. Nur fünf Quadratkilometer groß, ist Tikopia dennoch weltberühmt. 1928/29 hat der britische Anthropologe Raymond Firth die Insel und ihre damals rund 1300 Bewohner eingehend studiert und darüber einen Hunderte von Seiten langen Bericht verfasst, wofür ihn die Regierung seines Landes in den Adelsstand erhob.

Nur selten stoßen weiße Forscher auf kulturelle Fundgruben von der Tiefe Tikopias. Der amtierende „Number-Two-Chief" der Insel – ein Mann namens Tafua, alias Edward, hält die Insel für perfekt. Obwohl sie, bevor anglikanische Missionare sich der einfachen Seelen annahmen, eine der höchsten Selbstmordraten der Südsee aufwies. Aber selbst das, meint Edwards Sohn Rangifuri, alias John, beweise im Grunde nur das immense Harmoniestreben der Tikopianer.

Edward, der Nummer-Zwei-Häuptling auf Tikopia, hat die Statur eines Sumo-Kämpfers. Obwohl man ihn, umgeben von der überquellenden Vegetation, auch für einen Baum halten könnte. Es bedürfte sehr langer Arme, um seinen Stamm, diesen drallen braunen Bauch, zu umschließen.

Auch kleidet sich Edward gern in Rinde. Wenn er morgens unter dem Moskitonetz hervorkrabbelt, nach langer Nacht auf der geflochtenen Palmenmatte, als Polster nur sich selbst oder seine Frau, die Riesin Nau Tafua, legt er zunächst sein Unterkleid aus *tapa* an: einen geklopften Bast aus heller Borke. Und sieht dann aus wie ein geheimnisvoller nackter Baum, der sich jeden Morgen neu einrindet.

Erst Minuten später, wenn sich Herz und Augen, beide weit aufgesperrt, mit dem aufziehenden Tag einig werden, was Tikopias Unersetzbarkeit im Weltgefüge anbelangt, scheint sich Edwards vegetabile Natur in eine humane zu wandeln. Auf allen vieren kriecht er aus dem breiten Blätterhaus, richtet sich auf und bedenkt das erste Gebot dieses wie jedes anderen Tages: sein Wohlbefinden.

Taropudding? Betelnuss? Nein, eine Zigarette wäre jetzt das Richtige. Nur kann man die nicht kaufen. Weil es auf Tikopia keinen Laden gibt. Und eigentlich auch kein Geld.

Vier tapsige Schritte, und der Häuptling steht vor dem Haus, in dem sein Sohn John die beiden Fremden untergebracht hat, die auf dem roten Schiff gekommen sind. Gott weiß, woher. Vanuatu? Australien? Jedenfalls aus Richtung Sonnenuntergang.

Edward umrundet das Haus. Findet das richtige von vier Türlöchern. Brüllt aus fröhlichem Herzen: „Good morning, Michael, how are you?“

Well, how am I? Meinen Zigarettenvorräten jedenfalls geht es schlecht. Ich sehe die dicken Füße vor der Tür, 30 Zentimeter von meiner Schlafmatte entfernt, und reiche widerstandslos das Päckchen ins Freie. Auch John, der Häuptlingssohn, dem ich nichts abschlagen kann, pafft den ganzen Tag aus meinen Beständen. Wie sind die Kettenraucher von Tikopia nur vor meinem Auftauchen in der Südsee zurechtgekommen? Es sei denn, sie rauchen sonst nicht.

Ja, es sei denn, sie wollen uns – eine Gelegenheit, wie sie die Vorsehung höchstens ein-, zweimal im Jahr an ihre Ufer schwemmt – nur nicht ungenutzt davonsegeln lassen. In dieser Hinsicht waren wir vorgewarnt. Auf Vanna Lava, einer der Banks-Islands, wo wir in der vorangegangenen Woche die „Freydis“ geentert hatten, waren wir Father Luke begegnet, einem weißhaarigen,

Ariki Tafua, genannt Häuptling Edward, ist das zweite der drei Oberhäupter auf Tikopia. Der Tradition entsprechend trägt er unter seinem Rock Unterwäsche aus Rinderbast

Fische aus dem Vulkansee Te Roto ergänzen die übliche Kost der Menschen auf Tikopia: Meerestiere, Wildenten und Kochbananen

vielseitigen Menschen, der seine Karriere als Krankenpfleger und Pastor begonnen und sie im Gesundheitsministerium von Vanuatu fortgesetzt hatte, und der nun nach ausländischen Investoren für den Bau zweier Diskotheken suchte. Da er alles wusste, kannte er auch die Bräuche auf Tikopia: „Bringen Sie den Häuptlingen reichlich Geschenke mit. Und zeigen Sie ihnen nie Ihren Hintern!"

Das Zweite haben wir uns natürlich gemerkt. Als John uns am ersten Morgen in einem schmalen Kanu von Bord der „Freydis" holte und zum Haus seines Vaters brachte, krochen wir auf allen vieren durch das niedrige Türloch und schnurstracks auf den Number-Two-Chief zu. Nach der Audienz krochen wir rückwärts wieder hinaus, wobei sich Pascal, der Fotograf, den Kopf aufschlug, den er, da sich der Hintern schon draußen im Freien fühlte, einen Augenblick zu früh hochnahm. Es war sehr komisch.

Aber was das Ausmaß der Geschenke anbelangte, waren wir doch sehr naiv. Edward und John hatten wir je eine Petromax-Lampe offeriert. Dazu – ebenso wie den übrigen drei Häuptlingen – diverse Taschenmesser, Taschenlampen, Batterien, Multiwerkzeuge, Kerosin, Kerzen, Luftballons für die Kinder.

Nachdem all dies mit wohlwollender Miene in Empfang genommen worden war, setzte uns Edward für den nächsten Tag eine *school fundraising party* aufs Programm. In der Kirche! Um dem Anlass die Schwere der heiligen Pflicht zu verleihen: *Funds*, so viel war klar, konnten nur aus unserer Tasche kommen. Wir stifteten. Danach mahnte uns der Häuptling fast stündlich, auch für den „*Tikopia Development Fund*“ zu spenden.

Dennoch, wie wollte ich bestreiten, dass uns Tikopia reicher beschenkt, als selbst meine letzten Zigaretten es aufwiegen könnten? Gewiss gehören die Menschen dieser Insel zu den seltsamsten, die ich je getroffen habe. Äußerlich ähneln sie den Maori. Sie haben helle, mit wilden Motiven tätowierte Haut und einen massiven Körperbau – auch die Frauen, zum Beispiel Nau Tafua, Edwards Gemahlin, eine Hünin mit kantigem Schädel und gigantischen Brüsten.

Ariki Kafika, der erste Häuptling Tikopias, hat für eine Trauerfeier seine Tracht angelegt

Nur lachen Tikopianer mehr als die Maori. Oft finden sie ihr Leben so komisch, dass es in der Tat vor Leichtigkeit zu schweben scheint. Es liegt in ihrem Wesen, das Sanftmut mit Sorglosigkeit verbindet – und mit einem Hang zur Unterwerfung: Wären sie Franzosen, längst hätten sie die Häuptlinge der vier Insel-Clans unter eine Kokos-Guillotine gezwängt. Aber die Tikopianer sind keine Revolutionäre, und so regieren ihre *ariki* als absolute Herrscher und in inniger Eintracht, gestützt auf die *maru*, Männer einer Prätorianergarde, die jeder Chief aus der eigenen Verwandtschaft rekrutiert und als Schutzwall in den Häusern nächst dem seinen ansiedelt.

Die Häuptlinge bestimmen die Zuteilung von Land, den Ausgang von Streit, die Verbannung von Störenfrieden. Sogar der Natur sind sie übergeordnet: Nummer Eins gebietet der Jamswurzel, Nummer Zwei der Kokosnuss, Nummer Drei dem Taro, Nummer Vier der Brotfrucht. Warum? Weil es immer so war. Seit die Milch der ersten Kokosnuss in den Penis des ersten Tikopianers floss und dort zu Samen gerann.

So blieb Tikopia eine Insel, die sich auch im Zeitalter von Bill Gates noch selbst genügt. Abseits des Communication Highway. Ohne Strom, Zeitung, Telefon, Gameboy. Nicht einmal Steuern gibt es. Davon hat die salomonische Regierung in Honiara – 550 Meilen nordwestlich, weit jenseits des Horizonts – die etwa 1000 Untertanen der vier Häuptlinge befreit.

Womit sollten sie auch zahlen? Mit Muscheln? Bananen? Oder jenen kunstvoll geflochtenen Stricken, die bei Hochzeiten als symbolisches Geld für den Brautpreis herhalten? Die wenigen Scheine – meist australische oder amerikanische Dollar, die weiße Yachties an den „Tikopia Development Fund“ entrichten – schicken die Häuptlinge per Postschiff auf die Bank in Honiara, wo ihre Insel über ein bescheidenes Sparkonto verfügt.

Tikopia vermittelt ein kohärentes Weltbild. Es hat die Dimensionen von Kinderträumen, die Überschaubarkeit von Sandkästen. Blicke ich von der Spitze des toten Vulkans in die Tiefe, scheint alles Lebensnotwendige zu meinen Füßen zu liegen: Kokospalmen, Hütten, Kanus, der Brackwassersee im Krater. Alles in einem Blickfeld, einem Gedankenkreis, einer Reichweite. Kleine Inseln sind fassbar.

Nur eines habe ich auf Tikopia nicht gefunden. „Wo sind die Toiletten?“, frage ich John, der neben den Füßen seines rauchenden Vaters den Kopf zu uns ins Haus streckt. „Im Meer“, sagt

Das Heim eines Stammesfürsten: Ariki Taumako, der dritte Häuptling von Tikopia, lebt bescheiden; seine Hütte ist eingerichtet wie die der meisten anderen Bewohner. Selten bergen sie mehr als einen luftigen Schrank, Moskitonetze, Schlafmatten und einen Himmel voller Tabakblätter

er, „aber bitte nicht zu nah am Strand!“

Jetzt verstehe ich, warum uns sein zehnjähriger Neffe jeden Morgen gegen sechs zum Schwimmen auffordert. „Stören dabei nicht die Haie?“, frage ich gedankenvoll.

„Nein“, entgegnet John. „Griffe ein Hai an, gäbe es ein Problem!“ Ich nicke: „Für den Toilettenbenutzer. Er würde gefressen.“

Immer wenn John auf Unverständnis stößt, verschwinden seine hellbraunen Augen in schmalen Schlitzen unter einer gekräuselten breiten Stirn, um die sich buschig sein Afro-Haar wölbt. Dann wird sein Gesicht zu einer mysteriösen Maske, deren Ausdruck sich als der eines nachsichtigen Kummers deuten lässt. Als wäre er durch ein Gebot gehalten, fremde Begriffsstutzigkeit vorwurfslos zu übergehen und dabei gleichzeitig mit seinem verletzten Schamgefühl ins Reine kommen zu müssen. Eine ähnliche Mimik ist mir auch bei anderen Bewohnern Tikopias aufgefallen.

„Unsere Insel“, erklärt John, „lebt in Harmonie mit der Natur. Nichts bedroht uns, keine wilden Tiere, keine Seuchen, keine Feindschaften. Das haben wir den Ahnen zu verdanken. Wenn früher die Häuptlinge Opfer brachten, baten sie die Götter, alles Böse und Schlechte den Weg der Sonne gehen zu lassen. Und so ist es geschehen. Deshalb wären wir nun sehr besorgt, wenn dich plötzlich ein Hai auf der Toilette angreifen würde!“

Hmm. Aber ich gebe zu, dass es zumindest nach Kriterien geographischer Logik kaum erklärbar ist, wie Tikopia so radikal von allen natürlichen Übeln außer Taifunen verschont bleiben konnte. Die Meereskrokodile zum Beispiel, fünf Meter lange Ungeheuer wie jenes, das vor einigen Monaten einem deutschen Skipper vor der Nachbarinsel Utupua ein Bein abgerissen hat, kommen nie nach Tikopia. Es gibt auch keine giftigen Spinnen und Frösche, keine Schlangen – weder im Meer noch im Dschungel, der sich an den Hängen des erloschenen Vulkans hochzieht.

Also laufen alle barfuß durch den Wald, und noch nie ist jemandem etwas zugestoßen, weder durch schädliche Pflanzen noch durch scharfe Dornen oder spitze Stachel. Vielleicht, möchte man naiv glauben, weil die Menschen hier nie Waffen tragen – ohne Wild konnten sie nie zu Jägern werden –, sondern nur lauter gute Absichten; etwa Taro und Maniok aus ihren Feldern zu holen; oder aus dem Wald Baumrinde für die Unterwäsche; oder weiße Frangipani-Blüten, um sie zu Stirnkränzen und Halsketten zu verflechten.

Ja, sogar die Weltgeschichte hat Tikopia verschont. 1942, erzählt John, der es von seinem Großvater weiß, tauchten plötzlich Flugzeuge im Himmel auf, ganze Geschwader, mal japanische, mal amerikanische. Ein durch diverse Kanu-Reisen gebildeter Mann aus Tikopia – auch er hieß John – wusste, was Flieger waren und erklärte es den Übrigen. Niemand hingegen wusste, dass sich die Außenwelt zu beträchtlichen Teilen im Kriegszustand befand und dass die schlimmsten Schlachten auf der Insel Guadalcanal tobten, die für Kanus vielleicht weit, für Flugzeuge jedoch nur einen Sprung von Tikopia entfernt liegt.

Eines Abends fischten die Frauen auf dem Riff. So, wie sie es heute noch tun. Bei Dunkelheit spazierten sie mit Fackeln, die sie aus getrockneten Kokosblättern gebunden hatten, im seichten Wasser der vorderen Korallenbänke und warfen ihre kleinen, mit Muschelketten beschwerten Netze über die vom Licht angelockten Fische. An jenem Abend jedoch lockte das Leuchten einen US-Flieger an, der sich augenblicklich anschickte, das vermeintliche japanische Camp im Pazifik zu versenken.

Unter enormem Getöse explodierten die ersten Bomben auf dem Riff. Die

»Sobald es auf Tikopia dunkel wird, summt es ums Moskitonetz«

Alle Notizen: Michael Stührenberg

Die Blätterhäuser der Bewohner Tikopias stehen im dicht gewachsenen Busch. Die Dächer sind mit Palmwedeln gedeckt

entsetzten Inselbewohner, in Ermangelung detaillierter Informationen, stuften sie als eine neue Spezies böser Geister ein. In natürlicher Notwehr stimmten die vier Häuptlinge ihr Schutzgebet an – dasselbe, das schon die Krokodile, Haie, Schlangen und Malariamücken über die deklinierende Sonnenbahn evakuiert hatte. Und siehe, wieder wirkten die Worte Wunder: Alles fiel westlich ins Meer, zuerst die Bombenlast, dann das Flugzeug.

Die Männer schoben ihre Kanus ins Wasser und paddelten hinaus. Drei Mitglieder aus der Bomberbesatzung hatten überlebt. Zerschunden trieben sie auf dem dunklen Meer. Die Tikopianer zogen sie ins Boot, nahmen sie mit in die Blätterhäuser. Kurze Zeit später kreuzten weitere US-Soldaten auf. John, der Gebildete, der auf Vanuatu ein wenig Englisch gelernt hatte, berichtete den fremden Kriegern, was geschehen war, und führte sie zu den Überlebenden.

Die Amerikaner waren sehr dankbar. Allerdings warnten sie die Inselbewohner vor weiteren Nachtfeuern auf dem Riff. Die Chiefs stimmten zu. Damit es auch bei Tage nicht zu Missverständnissen kommen konnte, erfand John ein Entwarnungssystem. Auf dem breitesten Strand von Tikopia legte er lange Stöcke aneinander, bis sie eine für Bomberpiloten lesbare Schrift formten: NO JAPANESE! „Damit war der Krieg für uns zu Ende", sagt John der Jüngere. „Aber im Westen starben noch viele Leute."

Oh Tikopia! Wie könnte, wer an deinen Ufern landet, sich nicht im „verlorenen Paradies" wähnen? Jenem Ort der erlösenden Selbstvergessenheit, dem wir Weiße, Geschöpfe einer komplizierten, oft seelenfressenden Zivilisation, schon ebenso lange nachweinen, wie wir uns damit befassen, fremde Kulturen zu zerstören. Als hätten wir die Büchse der Pandora geöffnet, die Welt mit Gier, Neid und Mordlust infiziert und dann auf dem Boden der Dose nur einen vagen Trost gefunden: den Traum von Tikopia.

Im Herzen dieses Traums ruht die Illusion einer irdischen Zeitlosigkeit. Gewiss hat sich auch auf Tikopia so manches geändert in den vergangenen Jahrhunderten. Doch ist dieser Wandel nicht sichtbar auf den weichen Sandwegen, die, flankiert von Bananenstauden und Papayabäumen, von einem Dorf zum nächsten führen, vom Wald zum Meer, von Häuptling Nummer Zwei zu den Kollegen Eins, Drei und Vier.

Und wenn John und Edward aus ferner Vergangenheit erzählen, dann ist es, als berichteten sie von gestern. So ist es mit allen Geschichten auf Tikopia. Da sie noch immer erzählt werden, gehören sie zur Gegenwart. Wichtig ist nicht, wann etwas geschah, sondern dass es geschah. Eine Grenze zieht erst das Vergessen.

„Raymond kam mit dem Missionsschiff", erzählt Edward am Abend, als der Schein einer vom Dach hängenden Öllampe die Rundungen seines Leibes umschmeichelt. Die Rede ist von Raymond Firth, dem britischen Anthropologen, und vom Jahre 1928. „Ich glaube, er kam mit demselben Schiff wie einer der anglikanischen Missionare. Vorher waren schon einmal drei katholische Priester zu uns gekommen" – er stoppt, kann das Lachen nicht unterdrücken, und auch die übrige Zuhörerschaft, die sich über den Boden des Blätterhauses verteilt, prustet los –, „aber kaum waren die an Land, da haben wir sie schon erschlagen. Und als später ihr Bischof nach ihnen fragte, sagten wir einfach: ‚Sie sind nach Westen fortgesegelt!'" Wie die übrigen Seuchen. Mit dickem Handrücken reibt sich Edward eine Lachträne aus dem Auge.

Wie auch immer. Raymond Firth jedenfalls blieb gerade noch Zeit, einige unverfälschte Inselbräuche zu studieren, bevor spätere Missionare sie dem Museum für Menschenkunde übereigneten. Und so berichtete er der Nachwelt über ein Phänomen, das bis heute unter dem Stichwort Tikopia in abendländischen Enzyklopädien auftaucht: Suizid.

Die Menschen auf Tikopia, fand der Anthropologe heraus, unterschieden und praktizierten zwei Arten von Freitod, den guten und den schlechten. Der erste bestand darin, einfach ins Meer zu gehen. Oder das Kanu gegen ein Kliff zu steuern. Auf jeden Fall im Wasser zu sterben. Weil dann

Wenn die Felder nicht genug hergeben oder ein Taifun sie wieder einmal verwüstet hat, ziehen viele Insulaner in die Wälder. Dort graben sie Wurzeln aus oder jagen Kleinwild – eine mühsame Überlebensstrategie

der vom Körper befreite Geist den direkten Weg zu den Ahnen fand.

Eine andere Möglichkeit war Hängen. Man wählte einen kräftigen Strick, einen einsamen Ast und einen geeigneten Augenblick, wenn die übrigen zu beschäftigt waren, sich rechtzeitig über das Fehlen des einen Sorgen zu machen. Der Nachteil der schlechten Art lag in der Gefahr, dass der Geist des Erhängten nicht heimgeführt wurde von der Familie seiner mütterlichen Vorfahren und fortan als Irrgeist durch die Ewigkeit raste. Das machte ihn zu einem Problem, nicht nur für sich selbst, sondern auch für die Lebenden, denen er oft mit seinen üblen Launen zusetzte. Deshalb zogen die meisten Selbstmörder die See dem Ast vor.

Dies alles erklärt freilich noch nicht, weshalb im Laufe der Generationen Hunderte, ja Tausende von Menschen, die offensichtlich im Paradies lebten, eines Tages freiwillig zur Hölle fuhren.

John, der neben seinem Vater auf der Matte hockt, denkt intensiv nach. „Es liegt an unserem Hang zur Harmonie", sagt er. „Gerät unser Leben aus dem Gleichgewicht, dann wollen wir es einfach nicht mehr."

Oft genüge schon eine „Kleinigkeit". 1942 zum Beispiel, im selben Jahr, als John der Ältere NO JAPANESE auf den Sand schrieb, seien 60 Frauen auf einmal ins Meer gegangen. Aus Trauer und Solidarität. Eine von ihnen sei schwanger gewesen und habe den Namen des Liebhabers nicht nennen wollen. Da hätten ihr, wie in solchen Fällen üblich, die Eltern Selbstmord nahe gelegt.

„Wieso?", frage ich.

„Wegen der Schande", sagt John.

„Aber warum", hake ich nach, „haben die Schwangere und ihre Freundinnen nicht einfach Tikopia verlassen?" Johns Gesicht wird wieder zur Maske. Edward lässt Taropudding servieren.

Aber die Geschichte lässt mir keine Ruhe. Am nächsten Tag gehe ich zu Father Clement, dem anglikanischen Pastor. „Das Problem auf Tikopia", meint er, „ist seit jeher das Fehlen von Land. Die Insel kann nicht mehr als vielleicht 2000 Menschen ernähren. Alle unsere alten Bräuche und Gesetze zielten darauf ab, dass wir wenige blieben. Wer dagegen verstieß, wurde zum Suizid ermutigt."

Father Clement ist ein seltsamer Mensch. Ein liebenswerter grauer Krauskopf, knapp 60 Jahre alt. Er verließ Tikopia als junger Mann, besuchte das Priesterseminar in der Hauptstadt Honiara, predigte auf verschiedenen Inseln, verdingte sich dann jedoch als Matrose auf einem Fährschiff, bis dieses nach 13 Jahren auf einem Riff zerbrach; da begab er sich erneut in den Pastorenstand und

Im Auftrag des Herrn: Wenn Fremde kommen, laden Tikopias anglikanische Pfarrer zur Messe samt importiertem Weihrauch – und sammeln Spenden für die einzige Schule

Nur an den Berghängen und auf dem Vulkanplateau können die Bewohner Tikopias Taro und andere Nutzpflanzen anbauen

wurde 1997 von seinem Bischof nach Tikopia versetzt – 40 Jahre, nachdem er es verlassen hatte.

Und nun, da er die Insel mit alten, erfahrenen Augen sieht, trauert er jenen Ahnenbräuchen nach, die seine Kirche mit frommer Besessenheit ausgerottet hat. „Früher“, erzählt er, „durfte nur der älteste Sohn jeder Familie heiraten, und auch erst vom 35. Lebensjahr an. Er erbte das Nutzungsrecht auf ein Stück Land und musste davon die gesamte Familie ernähren, nicht nur seine eigenen Kinder, auch all die unverheirateten Brüder und Schwestern. Wir hatten die radikalste Geburtenkontrolle der Welt!“

Weil die alten Tikopianer keinen anderen Ausweg sahen. Um sich ihrer Logik anzuschließen, reicht auch jetzt noch ein einfacher Inselgang aus. Nur auf dem Südzipfel des Eilands, einem flachen Streifen, können die Menschen ihre Häuser bauen. Der Rest besteht aus den Dschungelbergen und dem vorgelagerten Kratersee. Die Felder, die Tikopia mit Taro und Maniok versorgen, liegen am Rande beschwerlicher Pfade, in Neigungswinkeln von 45 Grad und mehr, so steil, dass sich die Leute manchmal mit einer Hand an einem Baum oder einer Wurzel festhalten müssen, um mit der anderen Hand ernten zu können.

Verloren inmitten von Millionen pazifischen Quadratkilometern, ist Tikopia auf sich selbst gestellt. Werden die eigenen Bestände knapp – wie nach jedem der Taifune, die alle paar Jahre wieder die Insel leer fegen –, herrscht Hungersnot bis zur nächsten Ernte und bis die Bewohner neue Kanus für den Fischfang geschnitzt haben. Dann nützt es nichts, ans Mitleid der Welt zu appellieren, denn die Welt endet am Strand.

„Wir können nur essen, was wir haben", sagt Father Clement. „Deshalb war es ein Verbrechen der Missionare, die Geburtenkontrolle abzuschaffen. Heute sind hier alle verheiratet, alle haben Kinder, und Tikopia kann uns nicht mehr ernähren. Die Abkehr von den Gesetzen der Ahnen war wie der Sündenfall. Jetzt müssen wir das Paradies verlassen. Wenn meine Amtszeit nächstes Jahr ausläuft, ziehe ich mich zurück auf die Insel Utupua. Und morgen haben Sie auf Ihrem Schiff einen Fahrgast nach Vanikoro, wenn ich mich nicht irre."

Das stimmt. Edward hat uns gebeten, einen seiner Brüder samt Familie mit an Bord zu nehmen. Der Mann, er heißt Steven, wohnt auf Vanikoro und kam vor zwei Jahren zurück, weil sein Vater, der vorherige Ariki Tafua, zu sterben beschlossen hatte. Der alte Häuptling war sehr robust. Es grämte ihn, dass sein Sohn Edward schon über 50 war und noch immer ohne Aussichten auf die Thron-Nachfolge. Also stach sich der Greis in aller Heimlichkeit mit dem Schraubenzieher durch einen Backenzahn und ließ die Wunde faulen. Erst, als es für Heilung zu spät war, unterrichtete er das Volk und rief seine Kinder zur Beerdigung. Die fand vor anderthalb Jahren statt; seither wartet Steven, der Sohn aus Vanikoro, auf eine Rückfahrgelegenheit nach Haus.

Nach altem Brauch locken Frauen Fische mit Fackeln aus brennenden Kokosblättern am seichten Ufersaum an und fangen die Beute mit kleinen Wurfnetzen

Unser Abschied von Tikopia wird sehr wehmütig. In zahllosen Stunden gemeinsamen Spazierens, Tauchens, Redens, Rauchens und Missverstehens haben John und ich eine enge Freundschaft geflochten. Nun beschmiert er unsere Gesichter und Oberkörper mit orangeroter Farbe, hängt weiße Blütenketten um unsere Hälse und meint, unsere Abfahrt, zumal in diesem dramatischen Aufzug, sei ihm wie ein Speerstich ins Herz. Denn *tepelangi*, Weiße, die Tikopia besuchen, kämen nie zurück.

Außer Raymond, der 1952, 1966 und 1973 wiederkehrte. Aber der hatte ja auch andere Gründe als nur die Freundschaft.

~

Fremde reisen nicht gern auf die Salomonen. Der berühmteste Besucher war Jack London. Er kam 1908 auf einem australischen Schoner und holte sich Eiterbeulen am ganzen Leib. Außerdem packte ihn Angst vor den „Wilden". Als die Kanus der Schwarzen wie Geier das Schiff der Weißen umkreisten, konnte nur die Standpauke eines Missionars die Eingeborenen zur Räson bringen.

„Wäre ich König", schrieb London, „so würde die schlimmste Strafe, die

Blick vom 380 Meter hohen Vulkan Reani auf jenen Strand, der Tikopia im Zweiten Weltkrieg vor Angriffen bewahrte: Mit Holzstöcken schrieben die Inselbewohner damals weithin sichtbar NO JAPANESE in den Sand – und hielten so amerikanische Piloten davon ab, den Flecken im Meer zu attackieren

ich meinen Feinden auferlegte, sein, dass ich sie nach den Salomonen verbannte. (Obwohl ich das, recht bedacht, kaum übers Herz bringen könnte, ob ich nun König wäre oder nicht)." Eine Südsee-Hölle? Wahr ist, dass Ben, der Katechist, den wir auf Vanikoro treffen werden, im Wald die Teufel singen hört und dazu tanzt. Was immer auch der Bischof darüber denken mag. Zum Glück besucht Seine Eminenz die Insel nur einmal pro Jahr.

Noch lange schauen wir Tikopia „nach". Obwohl wir es ja sind, die uns entfernen. Aber das Gefühl, das Steven und ich an Bord der „Freydis" teilen, ist wie die Wehmut desjenigen, der allein auf einem leeren Bahnsteig zurückbleibt.

Steven ist ein typischer Tikopianer. Ein ruhiger Mann mit einer tapferen Frau und drei zähen Kindern. Und einigem Gepäck, das uns, die Passagiere eines bereits voll beladenen Segelschiffes, weiter einengt. Denn nun liegen an Deck auch noch mehrere Rollen Rindenbast, einige geschnitzte Holzschalen, diverse Töpfe, Säcke und Bündel mit den Formen, Düften und Geschmäcken Tikopias.

Nöte der Neuzeit. Seit die Bevölkerung Tikopias mit Gottes Segen außer Kontrolle geraten ist, haben die vier Häuptlinge mit dem Segen der salomonischen Regierung vier *settlements* eingerichtet, Kolonien auf anderen Inseln, eine pro Clan – und die vom Number-Two-Chief liegt auf Vanikoro. Jede Familie, das ist das neue Gesetz, muss mindestens einen Sohn nach Übersee schicken. „Der Mensch", philosophierte ein französischer Denker, „braucht zwei Dinge: eine Heimat und den Mut, sie zu verlassen!" Steven hat beides.

Bei gutem Wind liegt Vanikoro 24 Segelstunden nordwestlich von Tikopia. Auch diese Insel ein grüner Rausch im Blauen. Nur ist sie 36-mal so groß wie Tikopia und hat weniger Einwohner. Eine lang gezogene, zerrissene Vulkankette unter dichtem Dschungel, der noch vom letzten Regen dampft. Davor das strandlose Ufer einer unheimlichen Mangrovenfront. Das Ganze in 200 Meter Entfernung, näher kann die „Freydis" nicht heran. Wir werfen den Anker, doch niemand an Bord, am wenigsten Steven, hat es mit dem Landgang eilig.

Zehn Minuten tun wir nichts, dann legt ein Kanu bei. Sein Besitzer, ein von Malaria ausgemergeltes Männlein, ist tikopianischer Abstammung. „Welcome to the settlement!" Formlose Begrüßung. Anderthalb Jahre war Steven fort, nun ist er zurück, ein Fest ist es dennoch nicht wert.

Wir reichen das Gepäck hinab ins Kanu, ein zweites kommt zur Hilfe, nimmt Frau und Kinder an Bord, Steven steigt in das zu Wasser gelassene Dingi der „Freydis". Dann halten wir aufs Ufer zu. Nichts im Anblick der triefenden grünen Masse lässt die Vermutung zu, neben den Krokodilen könnten hier auch Menschen leben.

Und doch, in der Mangrovenwand wird eine Schneise sichtbar. Durch flaches schwarzes Wasser führt sie auf einen Schlammstrand zu. Dahinter stehen drei ärmliche Hütten, davor ein halbes Dutzend halb nackte Gestalten. Bilder wie aus einer Strafkolonie. Als würde gleich, frisch gefoltert, Papillon aus einem Erdloch auftauchen.

Vanikoro ist die Hölle, seine 800 Einwohner sind zu bedauern. Die Insel hätte Joseph Conrad inspiriert und Jack London in die Flucht geschlagen; hier erlitt 1788 der französische Entdecker La Pérouse mit seiner „Astrolabe" Schiffbruch. 5000 Millimeter Niederschläge fallen im Jahresdurchschnitt – manchmal ist es, als könnte man die Luft trinken. *Malaria tropica*, die schlimmste Sorte, bringt hier schwache Naturen binnen drei Tagen um. Das Klima von Vanikoro, so die „Instructions nautiques" der französischen Marine von 1948,

»Die Leute holen uns in einem kleinen Kanu von Bord, das wacklig wie ein Kinderboot wirkt«

sei „für Eingeborene ungesund“ und „für Europäer tödlich“.

„Wir sind da“, sagt Steven. Er zieht die Säcke den Schmuddelpfad zur Hütte hoch. Unendlich weit von Tikopia entfernt. „Vielleicht kehren wir in ein paar Jahren wieder zurück. Wenn sich jemand anderes aus der Familie bereit erklärt, das Land hier zu übernehmen. Ist wirklich gutes Land.“ Er winkt zum Abschied über die knochige Schulter. Seine Kinder lassen sich zum Spielen im Schlamm nieder.

~

In Vanikoro schließen wir auch Bekanntschaft mit Nathan, dem ersten Schwarzen, den wir auf den Salomonen treffen. Auf Tikopia hatten wir fast vergessen, dass wir uns im Herzen Melanesiens befinden. Der Ursprung seiner afro-ozeanischen Bevölkerung ist noch immer ungewiss – oder besser gesagt: schon wieder.

Totentanz am Strand von Tikopia: Gesang und beschwörende Bewegungen der Paddel sollen einen Verstorbenen sicher ins Jenseits geleiten

Lange Zeit gingen Forscher davon aus, die Melanesier seien in den vergangenen 5000 Jahren aus Südostasien gekommen, in ein oder zwei Migrationen, um den riesigen Raum östlich von Papua-Neuguinea und Australien zu besetzen.

Nun aber zeigen DNS-Proben, dass die Melanesier keinen gemeinsamen Ursprung haben können. Manche kamen aus Asien, andere aber… ja, das weiß niemand so genau.

Die Differenzen sind fürs Auge sichtbar: Bewohner der westlichen Salomonen – etwa auf Bougainville – haben tiefschwarze Haut, oft aber feiner geschnittene Gesichtszüge als die Menschen im Osten der Inselgruppe. Auf Malaita, im Zentrum des Archipels, haben viele Leute dagegen helle, braune Haut, einige sogar blondes Haar.

Wie sollten sie von den gleichen Ahnen abstammen? Ihre Zusammengehörigkeit wurde vom europäischen Imperialismus beschlossen. Wie ja auch der sie zusammenpferchende Begriff „Melanesien“ – Inseln der Schwarzen – eine geographische Erfindung der Weißen ist.

Archäologische Funde – 60 000 Jahre alte Steinwerkzeuge – lassen zudem vermuten, dass die Besiedlung einiger Inseln weiter zurückreicht als angenommen. Australische Forscher glauben inzwischen, Melanesier, nicht Mesopotamier, seien die ersten Ackerbauern der Weltgeschichte gewesen.

Wir stehen vor zwei Reihen trostloser Hütten, die das Dorf Paeu im Südwesten Vanikoros bilden; im

Flüsterton verhandelt Nathan mit Ben, einem der Einwohner, ehe er sich uns strahlend zuwendet. Mit einer besonderen Überraschung: Gegen ein bescheidenes Entgelt wollen sie uns *bulaokoro*, den Inseltanz, vorführen.

Das hört sich verlockend an. Wie ihr Tanz entstanden sei, erkundige ich mich. „Ganz einfach“, antwortet Ben: „Ab und zu hören wir Teufel singen. Ich meine, die *adu*, die Geister unserer Ahnen, aber in Wahrheit sind es ja Teufel, wie wir wissen, seit wir Christen sind. Also die Ahnen, oder die Teufel, singen nachts im Dschungel, wo auch die *kakamora* wohnen, und wir haben das Lied nur nachgesungen und dazu einen Tanz erfunden.“

Ich nicke. In der Tat, wie einfach! Die Kakamora, fügt Ben angesichts unserer Wissenslücken hinzu, sind kleine bärtige Männer, drei Fuß hoch, doch von übermenschlicher Kraft. Sie kamen vor den Melanesiern nach Vanikoro, nahmen diese jedoch freundlich auf, sodass beide Völker zunächst gemeinsam am Meer lebten.

Bis die Melanesier eines Tages sahen, wie einer ihrer winzigen Nachbarn mühelos ein riesiges Kanu zum Wasser trug. Da bekamen sie es mit der Angst und vertrieben die Kakamora ins Innere der Insel. Ben hat sie „nur einmal“ gesehen, „häufig“ jedoch ihre Spuren im Sand: „Sie sind leicht erkennbar. Da Kakamora immer auf Zehenspitzen gehen, hinterlassen sie nur Zehenabdrücke.“

Die Tänzer, ein knappes Dutzend, machen sich fertig: malen sich schwarze, rote, weiße Baumfarben auf die nackten Oberkörper, binden Blätterbüschel um Stirn und Arme, stecken hier und da eine duftlose Blüte ins krause Haar. Am Ende sieht die Gruppe aus wie ein Gebüsch.

Eigentlich könnte es nun losgehen. Nur kommen Ben, dem Katechisten, plötzlich fromme Bedenken. „Ja, der Tanz“, sagt er und schaut unsicher zum älteren Nathan hinüber, dessen Blick aufs Meer abdriftet. „Eigentlich tanzen wir ihn nur für den Bischof, zu seinem alljährlichen Besuch. Oder zu Weihnachten und Ostern. Wir sind gute Christen.“

Ich weiß. In Vertretung des anglikanischen Bischofs ruft Ben jeden Morgen und jeden Abend zum Gottesdienst. Genauer gesagt, er bläst in eine rosa-weiße Ozeanschnecke, die fast so groß ist wie sein Kopf und einen Ton erzeugt, der dem Signal eines auslaufenden Dampfers ähnelt. Dann kommen die 40 Männer, Frauen und Kinder des Dorfes Paeu – eine einzige Familie, sagt Nathan – aus den Stelzhütten gehüpft und eilen brav zu den harten Holzbänken der Kirchenhütte, um dem Herrn dafür zu danken, dass er Sein Licht schließlich auch nach Vanikoro brachte.

Am Abend vorher hatte ich einer Andacht beigewohnt. In seinem weißen anglikanischen Gewand vollzog Ben ein Ritual, das Bände sprach vom Wahnsinn der christlichen See-lenfängerei. Stehend, im Antlitz seiner kleinen Gemeinde, las er holperig aus einer altenglischen Bibel vor. Weder die Gemeinde noch wahrscheinlich Ben selbst verstanden einen einzigen Satz aus dem formlosen Gestammel. Die Gläubigen störte es nicht. Sie kamen zu Gott, wie man einer Pflicht nachkam.

Auf Vanikoro sind die Missionare wie tollwütige Zahnärzte zu Werke gegangen. Mit gründlicher Schrecklichkeit. Weil es ihnen wohl mehr um die Wurzeln ging als um die Zähne selbst. Das Ergebnis ist deprimierend.

Aber jetzt tanzen sie. Wilde Männer im Lendenschurz, Greisinnen mit tief hängenden Brüsten. Hüpfend im Kreis um Kinder, die mit langen, dicken Bambusrohren einen dumpfen Rhythmus auf dem weichen Boden stampfen. Ihre hellen Stimmen singen das schöne Lied der Teufel – das ihrer eigenen Vergangenheit.

Das Stampfen setzt aus. Sie lachen, schnappen nach Luft, halten sich wie im Schwindel an dünnen Bäumen fest. „Noch einen Tanz!“, schreit Ben. „Den anderen Tanz!“

Schon ziehen seine Vettern ein Kanu in die Mitte des Tanzplatzes und drehen es mit dem Bauch nach unten. Zwei knien sich hin und schlagen mit Knüppeln einen neuen Rhythmus. Einen schnelleren, donnernden. Hun-

Als zweiter Chef Tikopias gebietet Häuptling Edward über die Kokosnüsse – die er sich von seiner Tochter gern frisch geöffnet reichen lässt

de, Hühner, Schweine fliehen verschreckt unter die Stelzhütten.

Und wieder kreisen sie im Laufschritt, der fromme Ben, der alte Nathan, die kräftigen Jungen. Der Katechist wirft den Kopf in den Nacken, stößt einen gellenden Schrei in den dunklen Himmel. Gleich wird es wieder regnen. Aber für einen kurzen göttlichen Augenblick ist der Bischof weiter als nur ein paar Inseln entfernt.

~

Gegen Mitte des 16. Jahrhunderts gingen die spanischen Konquistadoren, die ja schon den Amazonas-Wald auf der Suche nach dem sagenhaften *El Dorado* durchkämmt hatten, einer weiteren Gold-Legende auf den Leim. Laut einer Inka-Saga lagen im Süden des Pazifiks Inseln mit unschätzbaren Reichtümern. Gold gäbe es auf dem fernen Archipel – so viel wie in den sagenhaften Minen des Königs Salomon. Weshalb man ihn auch „Salomonen" taufte.

So machte sich im November 1567 Alvaro de Medaña de Neira, des peruanischen Gouverneurs Neffe, mit zwei Schiffen auf den Weg in die Südsee. Er fand nichts, nur ein paar malariaverseuchte Inseln mit feindlichen Menschen darauf. Seine zweite Expedition, drei Jahrzehnte später, überlebte der Spanier nicht. Weitere 400 Jahre danach sind die Salomonen noch immer nicht reicher.

~

Nur 24 Stunden dauert die Fahrt von Vanikoro nach Lata, Hauptstadt der Insel Ndende. Doch von dem Augenblick an, als wir zum Abschied noch eine feierliche Runde vor der

Bucht von Vanikoro drehen und dann auf die blaue Leere zuhalten, scheint die Zeit so träge und klebrig zu fließen wie der Schweiß an unseren Körpern.

Gegen halb sechs in der Frühe hört das Schaukeln in Kopf und Magen plötzlich auf. Ich gehe an Deck, finde die Welt noch in Konturen. Aus dem Ufergrün lugen Hütten, einmal die Front eines braun gestrichenen Bretterhauses. Mehrere Hähne krähen, Rauch steigt aus dem Dickicht, mit heller Glocke ruft Gott zum Kniefall. Eine Familie, gebückt und stumm im schmalen Bauch ihres Kanus, zieht eine Furche ins glatte Wasser der Bucht.

Graciosa Bay – Spaniens Traum von Gold und Glück in der Südsee. Hier landete Alvaro de Medaña 1595, als er zum zweiten Mal auf die Salomonen kam, jedoch nicht den Weg wiederfand nach Santa Isabel – zu jener Insel, 400 Meilen weiter nordwestlich gelegen, die er 27 Jahre zuvor beehrt hatte. Auf Ndende freundete sich Don Alvaro mit dem Inselhäuptling Malope an und schlug sein Lager an einer Quelle in einer hübschen Ecke der Bucht auf.

Der Ruf des Himmels und der Hölle: Mit einem Schneckenhorn bläst Ben, der fromme Katechist von Vanikoro, zum Gottesdienst und zum »Teufelstanz«

So weit lief alles gut. Bis sich die Konquistadoren in den Kopf setzten, sie könnten, ohne zu zahlen, den Eingeborenen deren Schweine wegessen. Es kam zu Feindlichkeiten. Häuptling Malope wurde ermordet, 50 Spanier starben ebenfalls, einige durch Waffengewalt, andere, unter ihnen Don Alvaro, an Malaria. Zwei Monate nach Ankunft auf Ndende segelte das Admiralsschiff „San Jeronimo“ auf Nimmerwiedersehen davon, unter dem Befehl von Medañas Witwe, der ehrgeizigen, gnadenlosen, hochfahrenden, wunderschönen Doña Ysabel. Eine trostlose Geschichte, die den Engländer Robert Graves zu dem Roman „The Isles of Unwisdom“ inspiriert hat. Wobei „unwisdom“ als Gegensatz zu Salomon gemeint war.

Da Ndende, wie alle Inseln der Unweisheit, mehrere Male von verschiedenen Weißen und Eingeborenen entdeckt wurde, heißt es auch Nendo, Ndeni, Nitendi, Indemi, Nambakena, Santa Cruz, New Guernsey und Lord Egmont's Island. Nach Ansicht eines Reiseführers sind hier die Lebensbedingungen eher noch mieser als auf Vanikoro: bis zu 5800 Millimeter Regen im Jahr, die niedrigste Luftfeuchtigkeit (78 Prozent!) „an November-Nachmittagen“, eine Menge Bandwürmer in den Bäuchen der Kinder, Tuberkulose, 170 Malaria-Fälle pro Monat, ja sogar eine ganz eigene, von Insekten übertragene Inselkrankheit, das „Santa Cruz fever“. Dort zu ankern, erfüllt mit nagender Vorfreude.

Dennoch ist Pessimismus unangebracht. Denn in Lata, der anderthalbtausend Einwohner zählenden Provinzhauptstadt, beginnt die salomonische Zivilisation. Hier gibt es einen als Wiese getarnten Flugplatz, ein Büro der nationalen Telefongesellschaft, sechs Lkws, mehrere von Kirchen gestiftete Motorboote, um verstreute Inselkinder zum Unterricht in die Missionsschule zu holen, sowie die Vorzüge von Handel und Konsum – das heißt, die General Stores der Chinesen.

Und Expats! Das Wort, eine Abkürzung von „expatriates“, bezeichnet meist Leute jungen Alters, die im Auftrag nichtstaatlicher Hilfsorganisationen aus Großbritannien, Amerika, Neuseeland oder Australien auf die Salomonen übergesetzt sind, um den Einheimischen bei der Arbeit zu helfen, vor allem bei derem komplizierten Teil. Die gut ausgebildeten jungen Experten achten peinlich darauf, jeden Anflug von Herablassung gegenüber ihren Gastgebern zu vermeiden und zollen

Die Kinder von Vanikoro wachsen ohne Fernseher und Gameboy auf – und vergnügen sich stattdessen mit selbst gebautem Spielzeug

den Solomon Islanders aufrichtigen Respekt.

Unsere erste Bekanntschaft in Lata ist eine Juristin aus Devonshire. Sie sitzt am Ende des mit rostenden Ölfässern voll gestellten Piers und schaut uns beim Andocken zu. Sie fragt, woher wir kommen, quittiert dann die Antwort mit einem panischen Aufschrei: „O my God! Sie sind auf Tikopia gewesen! Und auf Vanikoro! Und nicht zuerst nach Lata gekommen – das wird unser D.C. gar nicht gern hören. Er ist ein freundlicher Mann, aber das wird ihm sehr missfallen!"

Seit unserem Treffen mit Edward, dem Number-Two-Chief, und Ben, dem Heidentänze aufführenden Katechisten, sehe ich unsere Reise zunehmend wie jene des Kleinen Prinzen, die von der eitlen und stolzen Rose auf seinem Heimatstern zum Bruchpiloten in der Sahara führt. Jede Insel ist ein anderer Planet. Auf jeder machen wir seltsame Bekanntschaften.

Santa Cruz, fühle ich, wird uns wegen des D.C. im Gedächtnis bleiben.

Der District Commissioner in Lata herrscht über Temotu, die östlichste von neun Provinzen der Salomonen. Und somit auch über die Britin vom Kai, die ihm seine juristische Korrespondenz mit der Regierung in der Hauptstadt Honiara besorgt. Letzteres Verhältnis ist von verstrickter Natur. Wann immer den D.C. das Gefühl befällt, die Regierung habe seine genaue Position in der ozeanischen Einsamkeit vergessen, reagiert er mit der Empfindlichkeit eines sitzen gelassenen Ehemanns. „Sie müssen seine Lage verstehen", plädiert die Britin. „Der D.C. wird aus Honiara nur selten informiert. Einen Fall wie den Ihren empfindet er als besonders schlimm."

Unser Fall: Mit dem Schiff aus Vanuatu kommend, können wir uns erst in Lata, der ersten salomonischen Zollstation auf unserer Route, bei den Behörden melden. Da wir aber auch die auf dem Wege liegenden Inseln Tikopia und Vanikoro ansegeln wollten, erbaten wir die Erlaubnis dazu schon vor unserer Abreise aus Europa telefonisch in Honiara. Wie üblich, wurde der D.C. nicht benachrichtigt.

Mich wundert nur, wie er unser Vergehen nun so schnell erfahren hat. „Seit einer halben Stunde konferiert der D.C. mit Willy über Ihren Fall", erklärt eine Irin in der Bretterbude des Immigration Office. Willy ist ihr salomonischer Vorgesetzter; oder ihr Schutzbefohlener, die wahre Hierarchie lässt sich nur erraten.

„Er ist wirklich sehr nett", sagt die Irin. „Bestimmt wird Willy eine Lösung für Ihren Fall finden."

Da Willy aber verschwunden bleibt, besichtigen wir Lata. Abgesehen von der Pier, besteht die Stadt nur aus zwei parallel laufenden Straßen, die früher einmal gepflastert waren, und aus mehreren sie verbindenden Trampelpfaden. Über diese urbanen Achsen schleppt sich eine mit zunehmender Hitze geringer werdende Anzahl von Personen.

Dabei fallen die Expats sofort ins Auge. Nicht allein wegen ihrer Hautfarbe. Sie sind die einzigen, deren Gang mit Zielstrebigkeit behaftet ist. Das Haupt leicht gesenkt, den Schritt fest und von metronomischer Monotonie, scheinen sie stets auf dem Weg ins Büro oder von einem Büro ins andere, um dort den Schwarzen in deren administrativer Verlorenheit beizustehen.

Gewiss, die Kolonialzeit ist vorbei, und die Expats sind das exakte Gegenteil jener Peiniger, die einst mit Bibel und Peitsche Gehorsam eintrieben. Heute hat der Eingeborene immer recht, ist er aus Prinzip „wahnsinnig nett". Weil die Weißen Schuld absühnen, durch Aufopferung und Nachsicht.

Aber das Herzblut, mit dem sie ihre Kooperationsverträge unterzeichnet haben, verblasst schnell im salomonischen Wechsel von Hitze und Sintflut. Der Alltag in Lata, dieser tropische Überfluss von Flora, Fauna und Feuchtigkeit, überfordert ihre Sinne. Durchfall und Appetitlosigkeit verdünnen die weißen Männer, während sich die Frauen oft mit jener anämischen Blässe zieren, die einst am Strand von Brighton gefragt war. So werden sie immer stiller und durcheilen Lata wie das Mittelschiff einer anglikanischen Abtei – gesammelt, gefasst, würdige Nachfahren jener Missionare, denen sie auf Teufel komm raus nicht ähneln wollten.

Denn obwohl ihre Schäfchen, die Solomon Islanders, ja „nett" sind, nerven sie doch durch ihre *laid back mentality*. Diesen ärgerlichen Hang zum Sich-Zurücklehnen. Ganze Trauben von ihnen hocken tagsüber im Ventilatorstrom öffentlicher Gebäude, in der Bank, der Post, im Warteraum des Krankenhauses; doch sie warten auf nichts, sondern lehnen sich einfach nur zurück. So kommt es, dass aus all den nachsichtigen Blicken der Expats ab und zu die stumme Frage lugt: „Was würde aus diesem Land werden, wären wir Weiße plötzlich nicht mehr da?"

Bei unserer Rückkehr zum Immigration Office finden wir Willy. Einen leisen Mann in Jeans und Sandalen. Natürlich nett. Was seine Konferenz mit dem D.C. gebracht habe, frage ich. „Der Boss ist sehr verärgert", antwortet Willy. „Sie sollen Lata sofort verlassen und auf direktem Wege nach Honiara segeln!"

Dies entspricht nun gar nicht unseren Reiseplänen. Willy und ein Kollege vom Zoll begleiten uns

»Immer wieder läuft unser Boot im flachen Urwaldfluss auf Grund. Wir müssen aussteigen und schieben.«

Die Siedler von Vanikoro haben sich leidlich auf der unwirtlichen Insel eingerichtet: Ihre Hütten stehen auf schlammigem Grund und an Flüssen voller Krokodile. Die Menschen, die fast alle aus dem 200 Kilometer entfernten Tikopia stammen, eint eine große Sehnsucht: eines Tages zurückzukehren

zurück zur „Freydis". „Wir werden also offiziell der Insel verwiesen?", hake ich nach. Die Frage scheint von unüblicher Direktheit.

„Nein", sagt Willy zögernd. „Ihr Schiff darf nicht bei uns ankern. Es muss weg! Niemand darf von Bord!"

„Aber wir sind doch schon an Land."

Willy nickt: „Aber der Kapitän und die Mannschaft dürfen nicht runter."

„Vielleicht wäre es gut, ich würde selber mit dem D.C. sprechen?"

Willy schüttelt den Kopf: „Leider will er niemanden von Ihnen sehen."

Seine Stimme klingt traurig. Vielleicht ist die Lage weniger aussichtslos als befürchtet. „Wie wär's", schlage ich vor, „wenn das Schiff sofort ausliefe, ohne dass Mister Pascal und ich zurück an Bord gingen?" Der nächste Flug nach Honiara geht in drei Tagen. Länger wollten wir ohnehin nicht in Lata bleiben.

Willy lächelt. „Ja, das wäre eine gute Idee. So wären alle zufrieden." Er, wir – vor allem aber der D.C., der sein Gesicht wahren könnte, ohne seitens der von ihm gestraften Regierung mit Repressalien rechnen zu müssen.

Der Abschied von der „Freydis" vollzieht sich in angemessener Eile. Wir schnappen uns ein paar Sachen aus der Koje und verabreden uns für den kommenden Dienstag im Yachtclub von Honiara. Als das Schiff mit halber Besatzung aus Graciosa Bay

tuckert, mieten wir uns bereits im Luelta Resort ein, dem einzigen Hotel auf 150 000 Quadratkilometern Temotu-Provinz.

Drei Tage auf Ndende? Jetzt, da jede Alternative im Kielwasser der „Freydis“ davontreibt, erfüllt uns die Frage plötzlich mit Sorge: Was auf einer Waldinsel anstellen, die 44 Kilometer lang ist, 25 Kilometer breit, rund 10 000 Einwohner hat, aber keinerlei Attraktionen?

Willy, der zum Mittagessen vorbeischaut, hat eine Idee: *Red Feather Money!* Wir sollen auf Schatzsuche gehen, dafür seien Inseln doch da.

Warum nicht? Ndende, so war zu lesen, sei der einzige Fleck auf der Welt, wo noch Federgeld im Umlauf ist. Oder noch vor kurzem gewesen sei. Denn seit rund 30 Jahren macht sich offenbar niemand mehr die Mühe, ausreichend viele braune Wildtauben, vor allem aber scharlachrote Kardinal-Honigfresser zu fangen und zu rupfen. Immerhin brauchte man bis zu 1000 Vögel, über 50 000 Federn, um eine mehrere Meter lange Spiralrolle Federgeld zu fertigen. Und als Brautpreis, denn dafür war das *kastom mane* (pidgin für „custom money“, Traditionsgeld) in erster Linie bestimmt, mussten Freier bis zu zehn solcher Rollen zusammentragen.

Gut, aber für die Schatzsuche brauchen wir einen Wagen. Und ich weiß, dass es auf der Insel nur sechs Fahrzeuge gibt, ausnahmslos kleine

Drei Kinder stampfen mit Bambusstämmen den Rhythmus, die Erwachsenen tanzen: ...u dem Jahrhunderte alten Inseltanz *bulaokoro*, so die Legende, wurden die Menschen von Vanikoro durch die Gesänge ihrer Ahnen inspiriert. Heute zelebrieren sie den ursprünglich heidnischen Brauch nur noch zu Weihnachten und Ostern – oder wenn der Bischof kommt

Lkws. „Kein Problem", sagt Willy. „Einen davon besitzt mein *wantok*."

Die Salomonen-Sprache, fällt uns auf, wird zu einem weiteren Problem bei unseren Unternehmungen. Bisher dachte ich, Pidgin sei nur krummes, vereinfachtes Englisch, leicht verständlich wie Kindersprache. Dass aus dieser linguistischen Erde so exotische Pflanzen wie *wantok* erwachsen können, beunruhigt mich.

„Wantok" heißt „one-talk", erklärt Willy. „Wantoks sind Leute, die die gleiche Sprache sprechen und denen man vertrauen kann."

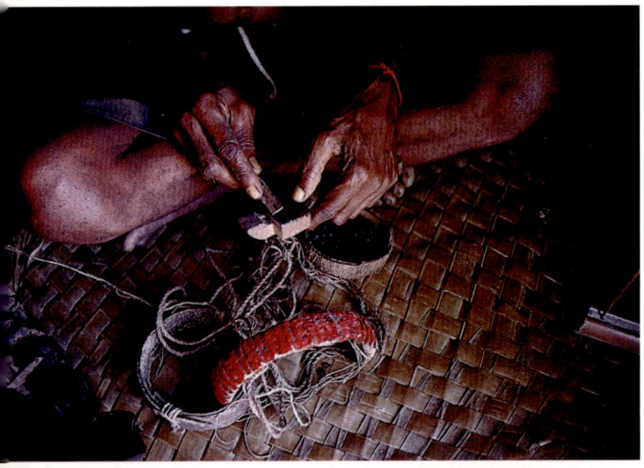

Nicht das Material, die Arbeit macht es wertvoll: traditionelles Geld aus Federn und geflochtenen Pflanzenfasern

Ein für das Verständnis dieser Inseln wesentliches Wort: Jeder Salomone ist der Wantok eines anderen Salomonen. Sodass alle Wantoks gemeinsam den Beweis erbringen, dass niemand allein im Leben steht. Darüber hinaus freilich leidet der Begriff unter einer mit geographischer Distanz verbundenen Relativität. „Treffe ich einen Landsmann im Ausland", erklärt Willy, „sind wir Wantoks. Im Inland sind wir es nur noch, wenn wir von derselben Insel stammen und uns auf einer anderen Insel treffen. Und auf unserer eigenen Insel müssten wir schon aus demselben Dorf stammen, um noch Wantoks zu sein."

Am nächsten Morgen holt uns Willys Wantok mit seinem kleinen weißen Lastwagen ab. Wir klettern auf die Ladefläche, treffen dort zwei weitere Personen, die es sich bereits mit dem Rücken gegen die Fahrerkabine bequem gemacht haben – Wantoks des Fahrers. Da dieser über zahlende Kunden und einen vollen Tank verfügt, nutzen sie die Gelegenheit zur Freifahrt.

Wir erklären dem Fahrer unser Ziel: irgendwohin, wo es noch Federgeld gebe. Wie unklug. Augenblicklich sind wir unterwegs in das am weitesten entfernte, per Piste gerade noch erreichbare Dorf, in dem unser Fahrer einen Wantok hat. Was ihn nicht von der Behauptung abhält, nur dieser Mann sei Experte für Federgeld. Nach zwei Stunden fahren wir zerschunden in einem Urwaldnest ein. Pech, niemand da. Wir gehen zu Fuß in den Dschungel, doch auch auf dem Feld ist der Gesuchte nicht zu finden. So beschließen wir umzukehren.

Am Dorfausgang hält der Fahrer vor einem uralten Mann am Wegesrand. Seine Wangen sind hohl, die sich unter der Gesichtshaut abzeichnenden Knochen so spitz, dass allein ein breitkrempiger Strohhut den Schädel zusammenzuhalten scheint. Fahrer und Greis treiben Konversation in der Inselsprache, dann übersetzt der Fahrer: „Wir haben Glück. Dieser Mann hier, Patrick, besitzt noch altes Geld."

Ich frage lieber selbst nach, stolz auf mein Pidgin: „Kastom mane?"

Der Alte nickt, antwortet in bestechendem Englisch: „Yes, I have some old money. It's in my wantoks' village down by the sea." Gut drei Stunden entfernt. Patrick steigt auf und macht es sich ebenfalls bequem. Auf geht's, zunächst zurück nach Lata, denn unser neues Ziel liegt auf der anderen Inselseite.

„Warum heißt Lata eigentlich Lata?", frage ich den Greis. „Ist das ein spanischer Name wie Santa Cruz?"

Er schüttelt den Kopf, erzählt: Lata war ein Held, ein Wantok, an den sich alle Bewohner der östlichen Salomonen gern erinnern. Er wuchs elternlos in einer zugedeckten

Zu festlichen Anlässen bemalen die Bewohner von Vanikoro
ihre Körper mit Baumfarben und dekorieren sich mit Blüten, etwa vom Hibiskus.
In diesem Kostüm tanzen sie den Bulaokoro

Schüssel auf, wo er sich von einem lebenden Aalschwanz ernährte.

Wie jeder Südsee-Insulaner war er in erster Linie auf Bootsbau bedacht. Dies brachte ihn in Konflikt mit dem Waldgeist Sinota, dessen er sich durch List und Lüge entledigte. Dem folgt eine endlose Liste weiterer Listen Latas, alle auffallend gemein und hinterhältig, zumindest im Moralverständnis von uns Nicht-Ozeaniern.

Und plötzlich: nichts mehr! Die Erzählung verläuft sich auf einer Ebene des Vagen, bleibt in der Luft hängen wie ein Fragezeichen, das sich an einem Ast verhakt: „Lata legt sich ins Kanu und schläft." Pause.

„Und dann?", frage ich. „Dann könnten wir etwas trinken", sagt Patrick und schlägt eine Kokosnuss auf.

Seine Geschichte hat ihre Endstation erreicht, im erzählerischen Nirgendwo, zum Entzücken der beiden übrigen Wantoks auf der Ladefläche. „That's right!", sagt der eine wie zur Bestätigung. Nur langsam begreife ich die Wichtigkeit meiner Entdeckung: Auf den Inseln Ozeaniens gibt es keine Pointen! Das sagt eine Menge aus, über die Ozeanier und über uns, die wir Pointen erfinden, um Geschichten zu mögen.

Keine Bushaltestelle, sondern ein Flughafengebäude: die »Wartehalle« auf dem Airport von Ndende

Wir erreichen unser Ziel, das Küstendorf Munaputi, eingebettet zwischen Strand, Palmen, Urwald. Patrick klettert vom Wagen, verschwindet auf einem Weg zwischen den Strohhütten. Eine Minute später ist er zurück, in der Hand einen kleinen Beutel, den er vor uns aufschnürt, um den Inhalt auf die Ladefläche zu streuen: Penny-Münzen, mit dem Abbild von King George.

„Old money", sagt er unschuldig. Ich verstehe: Er hat uns geleimt. Weil er eine Fahrgelegenheit zum Dorf seiner Wantoks brauchte. Wir geben auf. Es wird ohnehin schon Abend. Als der Fahrer den Motor startet, stellt sich uns einer der Dorfbewohner in den Weg. In den erhobenen Händen ein dickes Paket in trockenen Bananenblättern.

Der Mann legt es auf die Veranda der nächsten Hütte und schnürt es vorsichtig auf. Bis ein Ding zum Vorschein kommt, das aussieht wie eine Scheibe aufgerollten Theaterteppichs. Feather money! Unser Schatz. Der alte Patrick grinst. Das mit den Münzen war nur ein Witz.

Die Pointe seiner Geschichte.

Die kleine Insel am Ende der Sandbank sieht aus wie unzählige andere kleine Eilande der Salomonen und hieß früher Kasolo. Doch 1943 rettete sich dorthin ein Schiffbrüchiger, der später US-Präsident werden sollte. Heute trägt der Flecken den Namen John F. Kennedys

Vom Leben mi

en Ahnengeistern

Auf den westlichen Salomonen ist die Vergangenheit allgegenwärtig: In Haien und Krokodilen vermuten die Menschen den Geist ihrer Verstorbenen – unsterbliche Seelen, die ihre alte Heimat nie verlassen. Viele Bewohner der Inseln dagegen mussten in letzter Zeit ihr Zuhause aufgeben, verjagt vom Hass lokaler Guerilleros. Pascal Maitre und Michael Stührenberg reisten durch einen Staat, in dem Besonnenheit die Angst erst noch besiegen muss

Über 5300 Kilometer erstrecken si

en der Salomonen. Das Hinterland ist wie auf der Insel Nughu dicht bewachsen – fast 90 Prozent der Flächen jenseits des Meeres bestehen aus Wald

Abgeschieden und menschenleer liegt Aghale vor den Florida Islands im Pazifik. Von den rund 900 Inseln der Salomonen ist nur ein Drittel bewoh

ter den Salomonen rumort der Pazifische Feuerring: Deshalb bebt im Gebiet der Florida Islands und im Rest des Landes der Boden nahezu jeden Tag

Die kleinen Landflecken vor den Florida Islands sind auf Korallen entstanden. Deren Riffe wachsen weiter in die Höhe – etwa 15 Millimeter im Jahr

Anflug auf die Hauptinsel Guadalcanal:

rozent aller Menschen auf den Salomonen leben in winzigen Dörfern, meist ohne Strom und nur von dem, was sie Feldern und Meer abgewinnen

In den Western Provinces verdichten sich die sonst weit verstreuten Inseln der Salomonen zu einem Netz winziger Eilande

Die Inseln (Vordergrund) in dieser Lagune auf Malaita sind eine Schöpfung des Menschen. Ihre Erbauer haben sie in den vergangenen 400 J

:lich aufgeschüttet

Die Guerilleros vom »Isatabu Freedom Mover

uadalcanal fühlen sich von Immigranten der Nachbarinsel Malaita überfremdet. Deshalb versuchten sie lange, die Einwanderer zu vertreiben

54/PP
34/PP
37/PP
45/PP
42/PP
50/PP
22/PP

pische Edelhölzer gehören zu den wichtigsten Devisenbringern der Salomonen. Umweltschützer verurteilen scharf den Raubbau malaysischer Firmen

Der Geist der Toten: Auf Laulasi werden die Schädel verstorbener Priester aufbewahrt – denn der Kopf gilt als Wohnung der Seele

Solomon Airlines, Flug IE 109. Eine Twinotter, voll gepackt bis auf den letzten, den 18. Platz. Im Cockpit, uns allen durchs offene Türchen sichtbar, der Pilot, dem ein winziger Ventilator über seinem Kopf das schwarze Kraushaar platt bläst. Erhebender Abschied von Ndende. Ein letztes Palmenglitzern in der Mittagssonne, dann, hellbraun und rosa, die Korallenbänke, die ins Blau von Haifischtiefen abfallen. Rechter Hand der Tinakula-Vulkan, ein einsamer Kegel im Meer, dem niemand mehr traut, seit er 1971 explodierte und die Bewohner des zu seinen Füßen klebenden Dorfes gerade noch rechtzeitig auf Kanus evakuiert wurden. Auch jetzt hustet der Vulkan wieder Asche in den Himmel.

Und dann nichts mehr. Nur noch dunkles Blau, hier und da durchzogen von kilometerlangen Planktonstreifen. Manchmal ein paar Wölkchen und deren Schatten unten auf dem Wasser. Das ist alles, auch nach einer Stunde Flug noch, während wir doch salomonisches Staatsgebiet überfliegen. Eine ebenso banale wie kolossale Einsicht: Das Außergewöhnliche am Meer ist Land! Im Falle der Salomonen kommen auf 1,3 Millionen Quadratkilometer Wasser nur 28 000 Quadratkilometer fester Boden. Ein Staat mit mehr als 900 Inseln, davon ein Drittel bevölkert und vereint nur durch ein loses Netz von Missionsstationen und einer *lingua franca*, dem Pidgin. Wie soll das gehen?

Unsere Zweifel an der salomonischen Staatlichkeit verstärken sich bei der Landung auf Guadalcanal, in Honiara. Einer Stadt mit 50 000 Einwohnern, die Hauptstadt ist, weil es keine andere gibt. Erwachsen aus einem amerikanischen Armeelager, dessen Nützlichkeit sich auf den Zweiten Weltkrieg beschränkte. Wie soll das gehen?

Taxi zum „Honiara Hotel“. Das hat den Vorteil, am hügeligen Rande der Mini-Metropole zu liegen, also außerhalb und oberhalb. Im Autoradio spielt Reggae: „Let’s go back to the islands, there’s a place for me and you.“ Erste Blicke, schaurige Eindrücke. In *downtown* Honiara geht die Natur ebenso ungestüm zu Werke wie anderswo auf Guadalcanal. Nur wirkt sie hier nicht erfreulich üppig, sondern bedrohlich zersetzend.

Nichts widersteht ihr, weshalb es die Bevölkerung erst gar nicht mit Widerstand versucht. Honiara ist ein einziges Wuchern und Wachsen der Natur, ein gähnendes Zurücklehnen und Abwarten der Menschen.

Im Zentrum, der Medaña Avenue, wechseln wir Geld. Der Kassierer mahnt, wir sollten uns vor den *rascals* in Acht nehmen. Mit dem hübschen altenglischen Wort kann er nur die Jugendlichen meinen, die, aufgemacht in einer Kombination aus Rastalocken und Nike-Schuhen, die im Schatten liegenden Gehsteigkanten besetzen.

Als ich aus der Bank trete – beide Fäuste gestemmt auf die Batzen salomonischer Dollar in meinen Hosentaschen –, sprechen mich zwei Jungen an: „Gud aftenun, mistah, yu stap gud? Ples long yu we? Mi laekem America tumas!“ Ein Taxifahrer, der unser Gespräch durchs heruntergekurbelte Fenster verfolgt, resümiert: „Guten Abend, woher stammst du? Wir finden Amerika klasse.“ Auch die nachfolgende Frage übersetzte er mir noch: Ob ich Michael Jackson kenne?

Die dritte Etappe der GEO-Südsee-Expedition führte die Reporter Pascal Maitre und Michael Stührenberg rund 900 Kilometer durch den westlichen Teil der Salomonen: von San Cristobal über Guadalcanal bis Malaita und weiter über New Georgia Island bis nach Vella Lavella

Von den 1,3 Millionen Quadratkilometern des Staatsgebietes der Salomonen sind nur 28 000 Quadratkilometer Land – zwei Prozent. Mehr als die Hälfte davon entfällt auf Guadalcanal, Malaita und die New-Georgia-Inseln

Beim anschließenden Einkauf treffen wir Anna, eine junge, in Honiara geborene Chinesin. Ihre Eltern kamen aus der Volksrepublik China auf die Salomonen, als die Inseln noch eine wirtschaftliche Zukunft versprachen, viele Jahre vor der Unabhängigkeit im Jahre 1978. Die Eltern etablierten sich in der Enge von Chinatown und hefteten ihre Hoffnungen an einen *general store*, jene Art von Allzweckladen, mit denen Händler die nicht allzu komplizierten Konsumbedürfnisse südlicher *laid-back-people* befriedigen, also von Völkern, die sich aufs „Zurücklehnen" verstehen.

Es war nicht geplant, dass sich die nationale Wirtschaft in Kleinhandel erschöpft. Vor einigen Jahren hat die Regierung der Salomonen versucht, in großem Stil Luft zu verkaufen: In Flaschen abgefüllter Sauerstoff sollte in die verseuchte Industriewelt exportiert werden. Aus der Idee wurde nichts. Also bestreitet die Regierung ihren Haushalt – rund 90 Millionen Euro – weiterhin zu 80 Prozent aus Schenkungen befreundeter Regierungen in Übersee.

Und es sind weiterhin die Chinesen, die sich ums Geschäftliche kümmern. „Aber sogar für uns sind die Salomonen zu hart, hier ist einfach nichts zu holen", klagt Anna. „Die meisten Chinesen sind schon nach Australien ausgewandert."

Jene, die geblieben sind, haben sich in der Mikroökonomie eingerichtet.

Bei Leong Gin & Company Ltd., dem General Store, in dem wir Tigersalbe zur Behandlung unserer zu Beulen entzündeten Mückenstiche kaufen, hockt der Besitzer hinter einer imposanten Registrierkasse. Davor ein Tresen, der dem Verkauf einzelner Zigaretten dient. Ein zusätzlicher Service besteht aus einer Streichholzschachtel. Sie hat ein Loch in Boden und Deckel, für den Bastfaden, der sie an die zwei Meter entfernte Kasse bindet. Niemand kann sie stehlen, und ein Angestellter überwacht, dass Zigarettenkunden nie mehr als ein Zündholz benutzen. Nur so, meint Anna, könne man in Honiara noch Geschäfte machen. Mit Minimalmengen und Pfennigfuchserei.

Am nächsten Morgen sitze ich auf der Frühstücksterrasse des „Honiara Hotel". Die Tische sind noch nicht gedeckt, weil die rundliche Agnes, die in dieser Woche Frühschicht hat, eine Stunde zu spät am Arbeitsplatz erscheint. Aber die Zeitung kommt früh. Der „Solomon Star" berichtet, gestern habe ein Erdbeben Honiara heimgesucht. „Really?", frage ich Agnes, als sie schließlich auftaucht. Wann denn? Ich habe nichts bemerkt. Muss wohl gewesen sein, als wir im Taxi unterwegs waren. Honiaras Straßen sind eine Abfolge kraterhafter Schlaglöcher und permanenter Baustellen, sodass jede Fahrt einem mittelschweren Erdbeben gleicht.

Wer nicht in einem Auto saß, habe gestern vier bis fünf Sekunden lang durchs halb geöffnete Höllentor geschaut. „My God!", ruft Agnes, und die Frühstückstische werden weiter warten müssen, „it was terrible."

In einem Verwaltungsbüro sei Panik ausgebrochen. Hundert Leute standen dort vor einer Kasse im obersten Stockwerk Schlange, und als das Gebäude schwankte, stürzten alle gleichzeitig auf die enge Treppe zu, voller Angst und ohne Hemmung. Ein Greis rutschte aus, die Nachfolgenden trampelten über ihn hinweg. Der Alte schaffte es auf allen vieren nach unten und ließ sich im Taxi zum Krankenhaus fahren, wo gerade die Medikamentenschränke umgekippt waren und Pillen wie Kieselsteine über den Boden kullerten. In einer nahen Volksschule krochen die Kinder unter die Pulte und sangen ein Kirchenlied.

Soweit sind dies keine ungewöhnlichen Nachrichten. Nicht in einem Land, das denkbar ungünstig auf dem Pazifischen Feuerring liegt. Die salomonische Erde bebt praktisch jeden Tag, mehr als 100-mal pro Jahr mit einer Stärke von über 5 auf der Richterskala. Es gibt zwei sehr aktive Vulkane, einer davon submarin, über dem das Meer brodelt und zischt, als würde eine Hexe Suppe kochen.

Nein, was überrascht, ist die Überschrift des „Solomon Star": „Quake machine breaks down." Wobei das Präsens nicht ganz akkurat erscheint. Die Apparatur, die einst Bebenstärke maß und Epizentren ortete, „ist zusammengebrochen und niemals repariert worden", korrigiert die Zeitung im späteren Verlauf der Meldung. Dies ziehe ein schwerwiegendes Problem nach sich: Auch Entstehung und Macht möglicher Tsunami, die gefährlicher seien als Erdbeben, könnten nicht mehr bestimmt werden. Küstenbewohner sollten daher ab und zu auf das Meer schauen, ob nicht gerade eine Flutwelle über sie hereinbreche.

»Pascal plagt eine Wunde am Fuß, Folge einer tückischen Tropeninfektion. Nicht schön anzusehen«

Alle Notizen: Michael Stührenberg

1942 war Guadalcanal der wichtigste Kriegsschauplatz im Pazifik, heute haben Fische und Korallen den japanischen Transporter »Kinugawa Maru« am Strand von Bonegi erobert. Auch der Zerstörer vor den Florida Islands (oben) ist nur noch ein künstliches Riff

Guadalcanal ist 150 Kilometer lang und 48 Kilometer breit: die größte Insel der Salomonen. Und die bekannteste, jedenfalls für Amerikaner und Japaner, die hier 1942–43 die Herrschaft über den Pazifik ausfochten.

1997 kam Hollywood nach Honiara, um den Film „The Thin Red Line“ („Der schmale Grat“) über den Zweiten Weltkrieg zu drehen. Nun terrorisieren Rebellen, so genannte *militants* die Insel. Sie lieben amerikanischen *gangsta rap* und kämpfen in der gleichen Aufmachung, wie einige sie als Statisten in dem Film trugen.

Wir wollen nach Bonegi Beach fahren, 20 Kilometer westlich von Honiara, wo zwei japanische Kriegswracks liegen, die für Taucher gut zu besichtigen sind. Das Problem ist nur, dass gewöhnliche Leute Honiara nicht mehr auf dem Landweg verlassen dürfen. Die Hauptstadt ist der einzige Flecken, den die Regierung auf Guadalcanal noch kontrolliert; der Rest der Insel ist in den Händen der Militants. Kein Fremder darf in ihr Gebiet.

Doch wie könnte auf den Salomonen etwas nicht möglich sein? Als wir mit Pressluftflaschen und Masken im Minibus zu der Polizeisperre am Stadtrand fahren, winken uns die beiden Beamten nachlässig durch. Sie dösen, *laid back*, im Schatten eines Baums.

Eine halbe Stunde später erreichen wir Bonegi Beach. Kein Mensch weit

Unter den Südsee-Städten dürfte Honiara auf Guadalcanal eine der unansehnlichsten sein. Ihre Wahrzeichen sind Dauerbaustellen und die Wellblechhütten der Einwanderer von der Nachbarinsel Malaita

und breit. Nur Palmen, Strand und der Rost eines aus dem Wasser ragenden Wracks. Wir tauchen ab in ein aufgeschlitztes, von Korallen und Tropenfischen bevölkertes Eisengerippe, das sich vor über einem halben Jahrhundert „Kinugawa Maru“ nannte und japanische Soldaten zum Heldentod in die Südsee beförderte.

1942 war Guadalcanal der wichtigste Kriegsschauplatz im Pazifik. Anfang Juli hatten Japaner die Insel besetzt, am 7. August landeten US-Marines, die Schlacht begann. Mehrere schwere Seegefechte wurden ausgetragen, insgesamt 48 Kriegsschiffe versenkt. Die Amerikaner verloren 1600 Mann, die Japaner über 24000, ein Drittel davon durch Seuchen, Hunger und Erschöpfung im Dschungel.

Als wir nach einer Dreiviertelstunde wieder auftauchen, werden wir erwartet. Auf dem Strand stehen zwei Jünglinge in Kampfanzügen, Springerstiefeln und Rapper-Wollmützen. Vor einer Bank in Honiara hätte ich sie für Rascals gehalten. Hier im Busch muss es sich wohl um Militants handeln.

Während wir, mit Flaschen und Flossen, durchs knietiefe Wasser gen Ufer watscheln, gibt einer der beiden ein Zeichen mit der Hand. Offenbar ist es nicht an uns gerichtet, sondern an Kampfgenossen in seinem Rücken. Ein Mann aus dem Unterholz nimmt Form an, obwohl ihn seine

Moderne Geschäfte und Büros wie in der ANZ Bank (oben) gibt es in Honiara kaum. Traditionelle *general stores*, kleine Allzweckläden, bestimmen das Wirtschaftsleben der Hauptstadt

Tarnung als Unkraut auszugeben versucht. Ein zweiter Pflanzenmensch tritt aus dem Gras, ein dritter, vierter, … schließlich ein zwölfter. Fast alle tragen einen Lendenschurz und ein Gewehr, manche auch Pfeil und Bogen, einer gar einen geschnitzten Spazierstock. „Los, Jungs", sagt einer der Typen mit Rappermütze, „auf in den Kampf!"

In den vergangenen 20 Jahren habe ich es oft mit Rebellen zu tun gehabt. Mit Kämpfern verschiedenster Motivation und Herkunft, im Urwald Südamerikas, im Busch von Afrika, in der Sahara. Doch dies ist das erste Mal, dass mich der Verdacht befällt, der Ursprung einer Guerilla könnte in Hollywood liegen.

Die Militants begannen ihren Kampf im Oktober 1998 – ein Jahr nach den Dreharbeiten zu „The Thin Red Line", jenem Film über das Guadalcanal-Gemetzel von 1942–43. Auf der Suche nach authentischen Eingeborenen war die Film-Crew auch nach Komuvaolu gereist, einem Dorf, in dem sich die Männer in Lendenschurz, die Frauen in Grasröcke kleiden. Der dortige Häuptling Moro gilt als der Anstifter der Rebellion, weil er den Militants so etwas wie eine „Befreiungsideologie" geliefert habe – *back to kastom*, zurück zu den Traditionen. Doch ich fürchte, die Wahrheit ist simpler: Einige der heutigen Militants liefen vor zwei Jahren als Statisten durch das Film-Dorf und erlebten im Dschungel den Triumph der Gewehre. Da konnten ihnen schon Gedanken kommen.

Auch die heutige Szene wirkt derart aufgemacht, dass man am liebsten „cut!“ rufen möchte: hinter uns die rostigen Zeugen des alten Krieges, vor uns die jungen Kämpfer eines neuen Krieges, getrennt durch ein paar Meter Strand und 57 Jahre Guadalcanal-Geschichte. Die beiden Anführer helfen uns, die Flaschen vom Rücken zu nehmen, und stellen sich vor: John und Jonas. Trotz ihrer Jugend sind sie schon *commanders*, während die anderen Gestalten in Laub und Lendenschurz nur einfache Militants seien. „Wir sind bereit, mit der internationalen Presse zu reden“, sagt John feierlich, während Jonas, weniger zeremoniell, erst einmal „Revolutionssteuer“ von uns einfordert. Wir setzen uns unter eine Palme und verhandeln über Finanzen.

Aber ernst nehmen müssen wir sie doch. Sie haben ein Viertel der Inselbevölkerung von Guadalcanal verjagt und ein Reihe widerlicher Morde begangen. Und auch der Konflikt hat einen ernsten Hintergrund sowie eine lange Vorgeschichte.

Die amerikanischen Streitkräfte hatten im Zweiten Weltkrieg begonnen, Einwohner der Nachbarinsel Malaita als Arbeiter nach Guadalcanal zu holen; nach dem Krieg dominierten diese rasch Wirtschaft und Verwaltung, rodeten Land, übernahmen die politische Macht. Im Laufe der Jahre siedelten immer mehr Malaitaner über. Die Kämpfer des „Isatabu Freedom Movement“ (IFM) – zu denen John und Jonas gehören – wollen nun deren Vorherrschaft brechen, die „Malaitan Eagle Force“ (MEF) der Einwanderer versucht sie zu wahren – vergeblich. Mehr als 25 000 Malaitaner sind in den vergangenen drei Jahren vor den Auseinandersetzungen in ihre alte Heimat geflohen; besorgt fragte ein US-Nachrichtenmagazin kürzlich: „Zerfallen die Salomonen?“

„Das ist alles Schuld der Malaitaner“, behauptet John. „Sie achten unsere Kultur nicht. Sie kommen einfach auf unsere Insel, gehen in den Wald, fällen Bäume. Aber so geht das nicht. Alles hat einen Besitzer, auch ein Baum. Weil es überall *tambu-grounds* gibt, heilige Stätten, wo unsere Ahnen Schweine geopfert haben. Auf Malaita ist das genauso, aber hier bei uns respektieren die Malaitaner gar nichts.“

Zwei Dinge stimmen: Die Malaitaner sind zielstrebiger als andere Solomon Islanders, vielleicht auch skrupelloser. Im Juni 2000, nach unserer Abreise, putschte die MEF sogar, stürzte den Premierminister und installierte einen genehmen Regierungschef. Nach mühsamen Friedensverhandlungen vereinbarten die verfeindeten Rebellengruppen Ende Juli einen Waffenstillstand.*

Und zweitens hat Land hier einen anderen Stellenwert als in Europa. Die Inseln kennen keine Katasterämter. Das Land gehört den Stämmen, so wie die Stämme dem Land gehören. Ein Mensch, der sich nicht einem Stamm als Beweis seiner Herkunft und kulturellen Verwurzelung zuordnen kann, existiert eigentlich nicht. Seit Kirche und Kolonialherren die Besitzverhältnisse durcheinander gebracht haben, herrscht Streit – um die Identität und um Land. Deshalb haben fast alle Konflikte auf den Salomonen – wie überall in der Südsee – mit Grund und Boden zu tun, und Jurastudenten an den Universitäten des Südpazifik spezialisieren sich meist auf das „Landrecht“ dieser oder jener Insel.

Da sich die Bewohner von Guadalcanal, so behauptet Jonas, seit Jahrzehnten über den „Landraub“ der Malaitaner beklagen, niemand aber etwas dagegen täte, hätten nun die Militants die Sache in die Hand

* Am 15. Oktober 2000 schloss die Regierung der Salomonen ein Friedensabkommen mit den verfeindeten Milizen von Guadalcanal und Malaita ab. Bislang haben die Rebellen ihre Waffen allerdings nur zögerlich abgegeben.

»Pascal klagt über seine Fußinfektion. Langes Humpeln durch den Busch – zu einem Panzerwrack aus dem Zweiten Weltkrieg«

Zwischen 1998 und 2000 haben Guerilleros auf Guadalcanal 25 000 Malaitaner vertrieben – und ihre Waffen trotz eines Abkommens behalten

genommen: „Wir vertreiben sie mit den Waffen unserer Ahnen.“ Der Stock zum Beispiel, der mir aufgefallen war, sei kein Spazierstock, sondern ein *tambu-stick*. Man brauche ihn nur auf den Feind zu richten, und schon falle dieser tot um. Ähnlich radikal sei die Wirkung eines Korallenpulvers, das den Gegner in Nichts auflöse. Verschiedene Amulette würden wiederum die Militants unsichtbar machen.

Das Gros ihrer Waffen freilich funktioniert nach den Gesetzen von Mechanik und Ballistik. Es sind Gewehre, die US-Marines bei ihrem Abzug von Guadalcanal zurückgelassen haben. „Unsere Großväter führten uns zu den Höhlen, in denen die Waffen versteckt lagen“, erzählt John. „Sie wussten schon damals, dass es Probleme geben würde.“

Ein Polizeiboot taucht vor Bonegi Beach auf, gleichzeitig hören wir das Knattern eines Hubschraubers. Mit einem Satz springen die Kämpfer zurück ins hohe Gras; im Augenblick sind sie offenbar nicht unsichtbar. Wir hüpfen ihnen nach. „Polizei, Regierung, alles in den Händen der Malaitaner", flucht Jonas.

Wir fahren zurück in die Hauptstadt. An der Sperre winken uns dieselben Polizisten durch wie auf der Hinfahrt. In drei Stunden haben sie sich offenbar nicht bewegt. Dann eine böse Überraschung: Diebe haben Walkman und Bargeld aus meinem Hotelzimmer geklaut. „Zweifellos Malaitaner", sagt der Hotelbesitzer, ein Chinese.

Am Nachmittag treffe ich Wale Tobato. Wir haben uns in der National Museum Gallery verabredet, einer schlichten Heimatkunde-Ausstellung am Rande der Schlaglöcher. Tobato, ein schwerer Mann von etwa 30 Jahren, leitet die Pharma-Abteilung im Krankenhaus von Honiara. Ein kluger Kopf. Malaitaner.

Er könne die Gegner der Malaitaner in gewisser Weise verstehen, sagt er. Nur hätten sie die falschen Leute aus Guadalcanal verjagt, einfache Bauern, die sich im Busch auf einem Stück Land abrackerten und niemandem schaden würden. Jene Malaitaner jedoch, welche die Militants loswerden

Sie bleiben: Nicht alle Malaitaner haben sich der Gewalt der militanten Lokalpatrioten von Guadalcanal gebeugt. Viele der 75 000 Einwanderer von der Nachbarinsel leben am Fischmarkt in Honiara

wollten, seien nach wie vor in Honiara: die Elite und die Jugendbanden.

Einige Minuten lang gehen wir schweigend durch den kleinen Ausstellungsraum. Ich verstehe, was Wale Tobato mir hier zeigen will. Die wenigen Statuen, Masken, Waffen und Fotos liefern einen ergreifenden Einblick in die Salomonen des 19. Jahrhunderts. Eine versunkene Welt: die Kultur ausradiert, alle Konkurrenzgötter von den Missionaren verbrannt, die Seelen der „Wilden" von Sünde geleert. Und von sich selbst.

Gewiss, viele der Inseln brauchten von den weißen Kolonisatoren nicht einmal erobert zu werden. Per Vertrag schlossen sie sich dem britischen Empire an. Es gab auch, verglichen mit Afrika, nur wenige Kolonialmassaker. Aber etwas Schlimmeres setzte ein in diesen Dorfwelten ohne Hinterland und Rückzugsmöglichkeit: die weitgehende Vernichtung von Identität.

„Unsere Inseln leiden unter christlichem Totalitarismus", sagt Tobato. „Noch auf dem Gymnasium habe ich gelernt, es gäbe nur eine Religion, alles andere sei Heidentum. Erst beim Studium in Neuseeland erfuhr ich von

Er geht: Frank Rosso, ein Malaitaner, verlässt Guadalcanal – die Insel, die viele Jahre seine Heimat war. Seinen Hausstand muss er auf das Schiff stemmen; eine Brücke zwischen Steg und Deck gibt es nicht

Islam, Buddhismus und der Existenz verschiedener Philosophien. Aber da wusste ich schon gar nicht mehr, wo meine Wurzeln waren. Fern meiner Insel wachte ich plötzlich auf und fragte: Wer bin ich?"

Dasselbe Problem hätten auch die Militants: Sie wüssten nicht, wer sie seien. „Sie schwärmen von einer Rückkehr zu den alten Bräuchen", sagt Wale Tobato. „Aber genauso schwärmen sie von Tupac Shakur, dem Gangsta Rapper. Alles Mode, alles Fiktion. *Back to kastom*? Wie wollen sie das anstellen, wenn sie doch längst alles vergessen haben? Wo wollen sie suchen? In welcher Richtung liegt die Vergangenheit?"

Inseln kennen nur zwei Richtungen: im Kreis oder aufs offene Meer. Und keine von beiden führt zurück.

~

Abschied von Honiara. Die „Saalia" ist ein klobiges Holzschiff nach Art der Amazonas-Dampfer. Als wir abends gegen halb elf am Hafen eintreffen, laden Passagiere schon seit Stunden ihren Hausstand an Bord. Es sind Malaitaner, Vertriebene, die mit schwitzenden, nackten Oberkörpern Säcke, Bündel, Bäume, Fahrräder, Öltonnen hochstemmen zu ausgestreckten Armen und Händen auf dem Mitteldeck. Kein Steg verbindet Pier und Schiff; man muss klettern, das Boot irgendwie entern.

Abschied von der Vergangenheit, von all den Jahren, in denen Guadal-

Seit der Vertreibung aus Guadalcanal ist in Auki, der Hauptstadt von Malaita, die Zahl der arbeitslosen Jugendlichen gewachsen. Jahrzehntelang haben die Malaitaner die Wirtschaft der Nachbarinsel entwickelt, statt zu Hause Arbeitsplätze zu schaffen. Nun verbringen viele der jungen Männer ihre Zeit auf Schuttplätzen

canal Heimat und Malaita für sie nur Ferieninsel war. Jetzt ist es Zuflucht: Sie kehren zurück in jene Dörfer, aus denen sie einst hoffnungsfroh aufgebrochen sind. Dann ist alles verstaut. Müde strecken sich die Leiber auf den Planken der drei Decks aus, lassen den Schweiß in der aufkommenden Brise trocknen. Das Schiffshorn dröhnt, und im dumpfen Brummen ihrer Diesel-Motoren schiebt sich die „Saalia“ von der Pier ins offene Hafenbecken und dreht sich langsam um die eigene Achse, als wollte sie Südsee-Reisenden einen letzten Blick auf die Urlaubskulisse gestatten.

Eine Abfahrt ohne Winken. Die Pier ist schon leer. Ein davonbrausender Pick-up wirbelt Staub in die Lichtkegel seiner Scheinwerfer. Neben mir steht Frank Rosso an der Reling, ein kleiner Greis, der als letztes Gepäckstück eine Bananenstaude an Deck gezogen hat. Sie stammt aus seinem Garten auf Guadalcanal. Der Garten ist verwüstet, das Dorf von Militants niedergebrannt. Der Alte lächelt. 52 Jahre hat er hier verbracht. Kein Problem, er wird die Staude in die Erde von Malaita pflanzen, noch mal von vorn anfangen. Das ist die Stärke der Malaitaner.

Und dann ist Honiara plötzlich schön. Zum ersten Mal auch für uns: Die Nacht hat die Details verschluckt und nur die Lichter gelassen, die in langer, glitzernder Kette das Ufer markieren und der Fantasie freien

Vor dem Hintergrund des Urwaldes wirken die
künstlichen Inseln in der Langa-Langa-Lagune auf Malaita längst wie
eine natürlich entstandene Landschaft

Flug schenken. Unter einer Gewitterwolke über den Hügeln geht gelb und dick der Vollmond auf. Vielleicht hat jeder Ort, wenn man ihn verlässt, den Kopf voller Erinnerungen und im Herzen nur Ungewissheit, seine eigene Schönheit. Die der verlorenen Gewohnheit.

~

Wir erreichen Auki im ersten Tageslicht. Ein paar Stelzhütten, die im Wasser stehen, Mangroven, eine Pier. Bis vor kurzem zählte Malaitas Hauptstadt 1600 Einwohner. Seit Beginn des Exodus aus Guadalcanal dürften es fünfmal so viele geworden sein, was freilich noch immer nicht für städtische Hektik sorgt. Obwohl ansehnlicher als Honiara, ist auch Auki nur eine urbane Verlängerung jenes Urwalds, der die übrigen 4000 Quadratkilometer der Insel überzieht.

Für Weiße ist Malaita anziehend und abschreckend zugleich. Bis in die zwanziger Jahre war Auki eingezäunt, um die Briten von den Buschleuten zu trennen, die mit Macheten, Bogen und giftigen Pfeilen im Dickicht lebten. Kein Weißer, der sich ohne bewaffnete Eskorte jenseits des Zaunes gewagt hätte. Dennoch wurden am 4. Oktober 1927 der britische Beamte William Bell und 14 Soldaten seiner 15-köpfigen Schutztruppe beim Steuereintreiben erschlagen.

Wofür sich die Kolonialherren rächten. Ein Kanonenboot kam aus Australien, mehrere Angehörige des rebellischen Kwaio-Stammes wurden erschossen, 200 von ihnen gefangen genommen und sechs gehängt, ihre Dörfer, Gärten und Tambugrounds verwüstet, die schwarzen Schweine gestohlen oder von einheimischen Hilfstruppen geschlachtet. Seit Mitte der achtziger Jahre versucht nun ein Kwaio-Chef von Großbritannien Schadensersatz einzuklagen: Er fordert 294 612 630 000 Salomonen-Dollar – knapp 60 Milliarden Euro.

Die Geschichte wäre nur eine mäßig spannende Anekdote, läge in ihr nicht eine grundlegende Wahrheit über die Malaitaner: Deren Talent besteht darin, Übel in Glücksfälle umzukehren. Obwohl in diesem Fall zu bezweifeln ist, dass London auch nur einen Penny zahlen wird.

Aber das „Am-Ende-doch-noch-Gewinnen" ist eine tief verwurzelte malaitanische Attitüde. „Mein Urgroßvater wurde nach Australien verschleppt, um dort Frondienst zu leisten", erzählt Albert, ein Vetter Wale Tobatos, am Rande der Langa-Langa-Lagune. „Nach einigen Jahren kam er zurück und zeigte den Leuten, wie man Schoner baut. Er hatte das Unglück seiner Gefangenschaft dazu genutzt, das Geheimnis des Schiffsbaus zu enträtseln." Bis heute fertigen die Werften an der Lagune dickbauchige Holzschiffe für den salomonischen Transitverkehr. Keine andere Insel der Region

Obwohl die Salomonen seit 1978 ein selbstständiger Staat sind, gehören sie immer noch zum britischen Commonwealth – und unterstehen damit der englischen Krone

Anders als andere Salomoner: Malaitaner haben oft helle, braune Haut und manchmal sogar blondes Haar

hat etwas Vergleichbares zustande gebracht.

Und nun gilt es, erneut aus einer Katastrophe Kapital zu schlagen: „Die Vertreibung aus Guadalcanal ist ein Glück für uns“, doziert Albert. „Jetzt sind wir gezwungen, endlich unsere eigene Insel zu entwickeln. Ich denke, unsere besten Chancen liegen im Tourismus.“

Wir brausen im Motorboot über die Langa-Langa-Lagune, deren Panorama jeden Reiseprospekt schmücken würde. Hier, an Malaitas Westküste, fällt der Urwald wie ein dunkelgrüner Faltenrock von Kämmen und Bergspitzen zu den Palmenstränden hinab. Die Lagune ist durchsetzt mit kleinen Inseln, die sich auf braunen Steinsockeln über das Wasser erheben. Daneben wachsen Mangrovenwäldchen, aus denen sich die Inselbewohner Brennholz für ihre Küchen holen. Pfahlhütten schlummern in der Sonne, Kanus ziehen lange Rillen ins glatte Wasser.

Plötzlich reißt Albert das Steuer herum. Beinahe gehen wir über Bord, zumindest Pascal, der Fotograf, der sich einen Fuß an der Bootswand stößt und laut flucht. Bis es auch ihm die Sprache verschlägt. Vor uns, mitten im seichten Wasser der Lagune, steht ein Hüne mit erhobenem Beil. Sein Gesicht leuchtet verschwitzt aus einem Dickicht von wildem Haar und zottigem Bart, die Arme sind dick wie Ofenrohre. Zu seinen Füßen hockt ein zweiter brauner Riese, bewaffnet mit einer Brechstange. „Hallo, Olirofe!" ruft Albert. „Hallo, Serapino!"

Wir grüßen schüchtern. „Was machen die da?", frage ich leise, „fischen?"

Albert schüttelt den Kopf. „Sie bauen eine Insel." Er erklärt: Die beiden sind *uifaurara*, Steinehäufer. Der älteste Beruf von Langa-Langa. Serapino bricht Brocken von Korallenstein aus dem Lagunenboden und schichtet sie aufeinander, bis sein wackeliger Turm die Wasseroberfläche erreicht. Dann schlägt Olirofe sie mit gewaltigen Hieben zu baufertigen Stücken und wirft sie in einen Lastkahn.

Olirofe zieht an einer langen Leine ein Kanu hinter sich her. Es ist zur Hälfte mit Steinen beladen. In der anderen Hälfte sitzt Tiana, Olirofes Frau. Sie raucht eine aus grobem Tabak und einer Schulheftseite gedrehte Zigarette, die aussieht wie ein Feuerwerkskörper. Ansonsten wirkt Tiana wie die weibliche Ausgabe ihres bärenhaften Gatten: Furcht erregend im Anblick, herzlich im Umgang.

„Wir bauen eine Insel für den Premierminister", berichtet Olirofe stolz, nichts ahnend vom späteren Putsch. „Er ist einer von uns. Wenn er fertig ist mit dem Regieren, wird er wieder nach Langa-Langa ziehen. Auf seine neue Insel."

Alle Inseln in der rund 25 Kilometer langen Lagune sind künstlich entstanden. Nach dem immer gleichen Baumuster: Auf den Rand einer Sandbank werden Korallensteine zu einer ungefähr zwei Meter hohen Sockelmauer aufgeschichtet; dann füllt man das Innere mit Erde auf und pflanzt darauf Bäume und Hütten. Rund zwei Dutzend Inseln sind auf diese Weise in den vergangenen 400 Jahren aus dem Wasser gewachsen.

Wir verabschieden uns von den Steinehäufern, tuckern weiter über die stille Lagune. „Warum", frage ich Albert, „baut ihr Inseln, wenn es doch auf Malaita Land genug gibt?"

Ursprünglich wegen des Muschelgeldes, antwortet unser Freund. Die

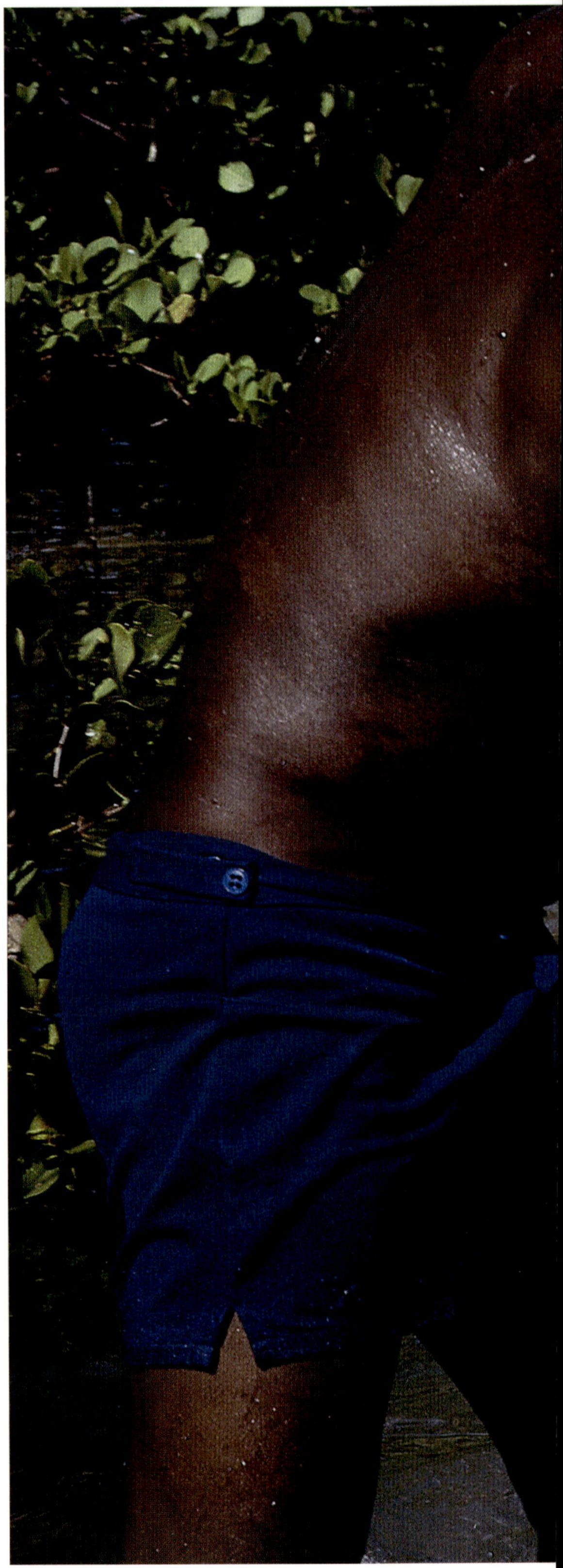

»Die Leute kommen zur ›Freydis‹ und bieten uns Fisch und Obst an – am liebsten im Tausch gegen Angelhaken und Kautabak«

Die Steinehäufer von Langa-Langa brechen Korallenbrocken vom Boden der flachen Lagune und schlagen sie zu Klötzen zurecht. Damit mauern die Erbauer der künstlichen Inseln die Außenwände eines neuen Eilands und füllen das Fundament anschließend mit Erde auf

erste Insel, Laulasi, sei entstanden, als Malaitas Währung – lange Stränge aus gelochten Muschelschalen – gegen Ende des 16. Jahrhunderts in Mode gekommen sei, und zwar weit über die Grenzen der Salomonen hinaus, bis nach Bougainville und nach Vanuatu.

Eine wunderliche Geschichte: Einst waren alle Malaitaner Buschleute. Sie lebten im Innern der Insel und von ihren Feldern im Wald, auf denen Taro, Maniok, Bananen und Süßkartoffeln gediehen. Einige Bewohner beherrschten die Kunst des Geldmachens. Nicht Materie, sondern Mühe machte ihre Währung wertvoll: der monatelange Aufwand, rote, weiße, schwarze Muscheln auf gleiche Größe zu hämmern, sie zu schleifen, zu feilen, zu durchbohren und aufzureihen auf meterlangen Strängen.

Die Geldmacher von Langa-Langa verkörperten wie niemand sonst den Genius von Malaita: Stammesübergreifend schlossen sie sich zu einer neuen, revolutionären Kaste zusammen – die der Besserverdienenden. Um sich vor dem Neid der Buschmänner in Sicherheit zu bringen, bauten sie Laulasi, die erste künstliche Insel in der Langa-Langa-Lagune, als uneinnehmbare Zentralbank für Muschelgeld.

Die Wirtschaft erforderte auch eine Anpassung der Religion. Solange sie im Busch lebten, vermuteten die

Laulasi, das erste künstliche Eiland von Langa-Langa, wurde am Ende des 16. Jahrhunderts als »Zentralbank« gebaut, in der das traditionelle Muschelgeld aufbewahrt wurde. Seither sind in der 40 Kilometer langen Bucht rund 25 Inseln entstanden. Ursprünglich dienten sie den Küstenbewohnern als Schutz vor Überfällen der Buschmänner aus dem Hinterland. Heute siedeln die Menschen dort, weil Bauland am Rand der Lagune knapp geworden ist

Priester die Geister ihrer Ahnen in Giftschlangen. Auf Laulasi ergab das keinen Sinn mehr. Also schworen zwei Krieger, Firo und Oluaale, nach ihrem Tode in Haie zu fahren und fortan die Zivilisation der „Salzwasserleute“ – denn Buschleute waren sie ja nicht mehr – gegen alle Feinde und Übel zu schützen.

Eine Vergangenheit als Basis für die Zukunft, meint Albert: „Die Hauptattraktion unseres Tourismus wird natürlich Laulasi sein“, betont er, während wir am Steinufer der künstlichen Insel anlanden.

Offenbar ist unser Besuch sorgfältig vorbereitet worden. Unter schattigen Bäumen und vor niedlichen Hütten sitzen mehr als 100 Menschen in schweigender Erwartung. Doch kaum haben wir das Gestade erklommen, stürzt eine kleine Gestalt auf uns zu und stellt sich vor: „Rocky“. Aufgeregt wedelt er mit einem Blatt Papier vor unseren Nasen herum. Die Preisliste!

Zerkleinern, schleifen, durchbohren: Es dauert lange, das Muschelgeld herzustellen – und genau darin liegt sein Wert

Merkwürdig. Am Abend zuvor, sagt Albert, habe er mit dem „Inselkomitee für Tourismus“ einen Preis für unseren Besuch ausgehandelt. Nicht billig, aber tragbar. „Die Preise sind seither gestiegen“, schreit Rocky, offenbar der selbst ernannte PR-Beauftragte, und deutet mit dem Finger auf die seit einer Stunde offizielle Liste.

Dort tauchen die extravagantesten Dienstleistungen auf, zum Beispiel: „Begrüßung durch die Krieger“. Ich frage, wo die Krieger seien. Die stünden heute nicht zur Verfügung, meint Rocky, wofür wir seine aufrichtige Entschuldigung akzeptieren müssten, was freilich nichts am Gesamtpreis ändern könne; der erreicht astronomische Höhen.

Die übrigen Inselbewohner schweigen, schauen dem absurden Schauspiel zu. Sie alle sind bereits für die „Kulturschau“ ausstaffiert, den teuersten Listenartikel: die Männer mit kurzen, um Hüften und Lenden gewickelten Sacktüchern, die Frauen in Röcken aus Palmwedelstreifen, die Kinder nackt oder mit frischen Blättern behangen. Niemand verbietet Rocky das Reden.

Als wir Anstalten machen zu gehen, tritt Paul, der Präsident des Tourismus-Komitees, zu uns: „Versuchen Sie doch bitte, ihn nicht zu beachten! Wir können ihn nicht loswerden. Eine Zeit lang war er bei den Adventisten auf dem Festland. Aber weil er säuft, haben sogar die ihn rausgeschmissen. Bitte bleiben Sie, natürlich zum vereinbarten Preis!“

Wir versuchen es. Die Kulturschau beginnt. Frenetisch hämmern die Frauen mit Steinwerkzeugen auf kleine Muscheln ein. „Sie fertigen das weltberühmte Muschelgeld“, verkündet Rocky und stellt sich mit ausgebreiteten Armen vor Pascals Kamera.

Ich wende mich an Paul: „Können Sie den Kerl nicht irgendwo einsperren?“

Blitzschnell stößt Rocky zu uns: „Was führen Sie hier für ein Gespräch? Sie müssen immer zuerst mit mir reden, dann organisiere ich den Rest.“ Unsere Stimmung sinkt. Zumal uns die Kulturschau zwar zeigt, wie auch heute noch auf Malaita lange Schnüre von Muschelgeld entstehen, welches weiterhin Währung für Braut- und Landkäufe ist. Aber niemand auf Laulasi, außer einigen sehr alten Frauen, trägt heute im touristenlosen Alltag noch einen Palmenrock. Das Ganze ist nichts als eine Folklore-Veranstaltung.

Um die Kulisse perfekt zu machen, laufen jetzt auch noch drei Kolonnen halbwüchsiger Jungen vor den Frauen auf. Die Blätterkinder! Sie stimmen einen lustigen Singsang an, beugen sich in krummen, einstudierten Ballettbewegungen vor, schlagen mit einem Bein nach hinten aus. Die Frauen kreischen vor Lachen, lassen die Muschelarbeit ruhen, weil sie

Auch in Langa-Langa gilt der salomonische Dollar. Doch die Braut kauft man traditionell mit Muschelgeld, das die Frauen fertigen

beide Hände zum stürmischen Mitklatschen brauchen.

„Dies ist unser beliebtester Trauertanz", erklärt Rocky.

Wir ziehen uns aufs andere Inselende zurück, keine 200 Meter weit entfernt. Dort liegt im Schatten hoher Bäume der Tambu-ground, die Ahnenkultstätte mit einem Altar aus aufgeschichteten Steinen. Frauen ist der Zutritt verboten, Rocky leider nicht: „Hier haben unsere Vorfahren den Haien Opfer gebracht. Bis das Christentum uns aufklärte."

Mein Gott! Wo sind die Haie? Akzeptieren die auch Menschenopfer? Jack Tafialia, ein weiteres Mitglied des Tourismus-Komitees, kommt uns zur Rettung. Mit drei magischen Worten: „Hau ab, Rocky!"

Verdutzt schaut der Quälgeist in den Tag, dreht ab und verdrückt sich.

Wir setzen uns zu Tafialia auf den bröckelnden Altar. Davor führt ein kurzer Pfad hinab ins Wasser. „Mein Vater war der letzte Priester von Laulasi", erzählt er. „Er war der letzte, der wusste, wie man die Haie rief, wenn auf dem Altar ein Schwein geopfert wurde. Riesige Haie waren das, drei beim letzten Mal. Das war 1973. Ein Amerikaner kam aus Chicago, um die Zeremonie zu filmen. Mein

Vater gab mir die Fleischstücke und schickte mich ins Wasser, damit ich sie den Haien in den aufgesperrten Rachen legte. Es war sehr schön."

Eigentlich hätte der Vater sein geheimes Wissen an Tafialia weitergeben müssen. So verlangte es die Tradition: Der Priester wählte sich einen Nachfolger, meist den eigenen Sohn. Aber Jacks Vater wurde von den Adventisten bekehrt und nahm sein heidnisches Wissen mit ins Grab. „Und die Haie?", frage ich.

„Manchmal kommen sie", sagt Jack. „Dann schwimmen sie langsam am Tambu-ground vorüber und schauen zu uns herauf."

So trifft ihn das härteste Los von allen. Mit ihm zerreißt die Kette, die Laulasi an die Ahnen band.

Ein paar Schritte von uns entfernt, aufgereiht auf ein flaches Mäuerchen, liegen hohläugige Schädel: Erinnerungen an Generationen von Priestern. Am Tage des Todes wurden einstmals die Leichname auf eine unbewohnte Nachbarinsel überführt und dort enthauptet; und nur die Köpfe, die Wohnungen der Seele, durften am siebten Tage zurückkehren nach Laulasi. Ihre Kraft blieb erhalten, zum Schutze der Salzwasserleute.

Das Wasser bestimmt das Leben: Schon Kinder lernen, sicher im Kanu zu fahren. Später werden sie wie ihre Eltern vom Fischfang und der Muschelsuche leben

Doch wer kann schon gänzlich ohne Zauber leben? Jack Tafialia ist wie viele andere in der Langa-Langa-Lagune ein *dropout*: wieder ausgestiegen aus der Adventisten-Kirche und ihren faden Riten des Betens und Reuens. Wenn ihnen auch das Geheimnis des *shark-calling*, des Hai-Rufens, abhanden gekommen ist, so bleibt doch die Magie einer wunderbaren Allianz zwischen Mensch und Monster.

Wir setzen uns zu den Schädeln auf die Mauer und hören Albert zu, ebenfalls ein Ex-Adventist. „Eine Frau aus Malaita", erzählt Albert, „hatte einen Mann von einer anderen Insel geheiratet. Die Ehe ging nicht gut, und eines Tages nahm der Mann seine Frau im Kanu mit aufs Meer, warf sie ins Wasser und fuhr heim. Die Frau schwamm einige Stunden lang, dann gingen ihr die Kräfte aus. Dem Tode nahe, rief sie den Namen ihres Großvaters, dessen Geist in einen Hai gefahren war. Da tauchte unter ihr der Schatten eines riesigen Tieres auf. Sie stellte beide Füße auf den Rücken des Hais, der sie drei Tage lang über Wasser hielt. Bis japanische Fischer die Frau an Bord nahmen."

„Vor wie vielen Generationen war das?", frage ich höflich.

Den traditionellen Glauben haben Missionare auf der Laguneninsel Laulasi weitgehend verdrängt. Nur selten schmücken sich alte Männer noch mit den Insignien der einstigen Priester

„Letztes Jahr", antwortet Albert. „Die Geschichte stand in der Zeitung, aber die Frau hat sie mir auch selbst erzählt."

„Und was wurde aus dem Mann?"

„Der hat alles gestanden und sitzt jetzt im Gefängnis."

Jack streichelt zärtlich über einen der Schädel. „Die Haie werden uns nie im Stich lassen", sagt er. „Für den Tourismus", fügt Albert hinzu, „kann das nur förderlich sein." An der vordersten Hüttenwand neben dem Tambu-ground lehnt Rocky. Ein wenig schief, als würde er gleich umkippen. Er ist eingeschlafen.

~

Auf See, diesmal wieder auf der „Freydis", deren Besatzung uns auf Malaita abgeholt hat. Es geht Richtung New Georgia. Tage voller Monotonie, die Nächte zu heiß zum Schlafen. Wachträume von fernen Ufern. Die umgekehrte Proportionalität des Reisens: Je leichter das Gepäck, umso schwerer wiegen die Erinnerungen an frühere Reisen. Auf den ersten Blick ähneln die Salomonen der Ostküste von Madagaskar: die gleiche Vegetation, das gleiche Zerfließen von Hitze in Regen. Trügerisches Déjà-vu des Herzens. Die Bewohner könnten kaum verschiedener sein. Madegassen treiben im Sog ihrer Sinnlichkeit, Solomon Islanders scheinen keine zu besitzen. Ein Nebeneinander von Männern und Frauen, deren Blicke, sollten sie sich

Erinnerung an *head hunting parties*: Der dreieckige Holzschrein auf Skull Island, westlich von New Georgia, enthält ausschließlich Schädel von Häuptlingen feindlicher Stämme – sie galten den heimischen Kopfjägern als besonders wertvoll

zufällig keuzen, nichts zu verbergen, geschweige denn zu gestehen haben.

In Munda, auf New Georgia, erwartet uns eine Ausnahme: Pynus! Seit kurzem Serviererin in einer Lodge für Sporttaucher, davor angestellt im Kasino von Honiara, wo sie Karten austeilte an reiche Chinesen, die ein Vermögen verspielen konnten, jedoch zu knauserig waren für das kleinste Trinkgeld. Pynus: Ein Hauch von Sünde strömt aus ihrem Körper, strahlt aus großen Augen ins fromme Elend ihrer Umgebung – wie erfrischend. Ich sage ihr das alles am Mittagstisch. Sie lacht und erzählt, sie habe bereits eine Menge Komplimente erhalten, sogar von Chinesen – als Ausgleich für fehlendes Trinkgeld.

Zwei Mädchen auf Vella Lavella: Fast die Hälfte der Salomoner ist jünger als 15 Jahre

Ihr Urgroßvater, ein legendärer Kopfjäger, war einst Häuptling von Munda. Das Dorf besteht auch heute noch aus ein paar Hütten, die sich am Rand der Roviana-Lagune um eine im Zweiten Weltkrieg gebaute Landebahn scharen. Zu den Zeiten des Urgroßvaters lagen hier lange Kriegskanus am Ufer. „Ein jedes hatte Platz für 40 Krieger", erzählt Pynus. „Sie paddelten zu den anderen Inseln, manchmal sogar bis nach Santa Isabel, und kehrten Tage später mit den Köpfen ihrer Feinde zurück."

Die Beute des Urgroßvaters liegt auf Skull-Island. Am Nachmittag fahren wir mit dem alten Joe Raymond hinüber. Die Insel misst nicht mehr als 200 Meter im Umfang. Fünf Schritte auf einem Trampelpfad, und schon stehen wir vor den Schädeln, eingebettet in die Nischen eines dunkelbraunen Steinhaufens.

„Well, say hello", ruft Joe und lacht aus weit aufgerissenem Mund. Seine Zähne, lädiert von einem halben Jahrhundert Betelnusskauen, sind denen, die in den Kieferknochen der Totenköpfe stecken, nicht unähnlich. „Und hier kommt das Beste." Er schreitet zu einem dreieckigen Holzkasten, der auf dem Steinhaufen thront, und rückt die Tür zur Seite. Im Innern türmen sich Schädel, einer kullert ins Freie.

„In diesem Schrank befinden sich nur Häuptlingsköpfe", sagt Joe im zufriedenen Ton eines Antiquitätenhändlers. „Die anderen da drüben waren nur einfache Krieger. Ein abgeschlagener Häuptlingskopf war mindestens zehnmal mehr wert als der eines Kriegers." Die Bewohner von New Georgia gingen – wie die Malaitaner – davon aus, dass die Kraft eines Mannes in dessen Kopf wohnt. Und dass sie auf dessen Bezwinger übergeht.

Die Kopfjäger nehmen einen prominenten Platz im Repertoire salomonischer Gruselgeschichten ein. Die Weißen freilich, die sie noch heute gern heraufbeschwören, waren nie von ihnen bedroht: Pflanzer, Missionare, Händler – sie alle gehörten in eine andere Welt; ihre Köpfe waren wertlos.

Das *head hunting* hielt sich über Jahrhunderte. Bis die Briten 1892 ein Kanonenboot in die Roviana-Lagune schickten, die Dörfer einäscherten und im Jahr darauf die Salomonen zum Protektorat Ihrer Majestät erklärten. Denn die Kolonialherren sahen ihre Handelsinteressen gefährdet: Weil Händler den Kopfjägern im großen Stil Äxte und Gewehre verkauft hatten, war deren Ausbeute auf Rekordhöhe gestiegen – und die Bevölkerung der benachbarten Insel Santa Isabel nahezu ausgerottet worden.

Auf Wochenmärkten bieten die Bauern Jams, Maniok und anderes Gemüse von ihren Feldern an

Dennoch: Die Kopfjagd war mehr als pure Mordlust. Das Spirituelle, dieses Sich-Bemächtigen des anderen, wog schwerer als militärischer Erfolg oder Eroberung. Frauen, in deren Köpfen die Krieger nichts Interessantes vermuteten, wurden verschont. Oder als Sklavinnen verschleppt. Da ihre Lebenserwartung in jedem Fall höher lag als die der Männer, wurden sie zu Hüterinnen von Hütten und Feldern. Bis heute vererbt sich in den Western Provinces das Land von Frau zu Frau. Pynus wäre also eine ausgezeichnete Partie. In jeder Hinsicht.

~

Vella Lavella ist 670 Quadratkilometer groß, aber niemand käme auf die Idee, im Innern der Insel zu siedeln. Nur die Japaner ließen, als sie im Oktober 1943 von hier fliehen mussten, 300 Soldaten im Dschungel zurück. 1959 berichteten Küstenbewohner, zerlumpte Greise mit langen Bärten hätten aus ihren Gärten Gemüse gestohlen. Japanische Veteranen reisten nach Vella Lavella, um nach ihren verschollenen Kameraden zu suchen. Vergebens. 1965 flog Japans Botschafter über die Insel und warf Flugblätter ab. „Der Krieg ist vorüber", stand darauf. Da kam einer der Greise aus dem Wald und ergab sich. 1989 behaupteten Eingeborene abermals, sie hätten Japaner gesichtet. Doch niemand glaubte ihnen mehr. Nur Franks Großvater lebt jetzt noch im Dschungel am Oula River. Und auch nur, weil er in einem Krokodil wohnt.

Vella Lavella liegt zwei Segeltage von Munda entfernt. Manche Namen verführen. Sie haben ihre eigene Kraft, eine eigene Magie. Timbuktu etwa, oder Ushuaia, oder: Vella Lavella. Nur der Skipper der „Freydis" wirkt besorgt. Auf der Suche nach einem Ankerplatz hat er sein Nachschlagewerk „South Pacific Anchorages" konsultiert. Das uns betreffende Kapitel verblüfft durch unverblümte Rohheit: „Diese Insel ist gebirgig und hat viele einladende Ankerplätze. Leider sind viele ihrer Bewohner nicht einladend. Vella Lavella hat Dörfer mit den nettesten Menschen der Salomonen, und andere, in denen Diebstähle alltäglich sind."

Aber wir haben keine Wahl. Stattdessen eine Adresse: ein Dorf namens Tiberias, auf keiner Karte verzeichnet, an der Westküste der Insel gelegen, nordwestlich der Mündung des Oula River. Dazu eine gekritzelte Botschaft an Häuptling Frank Lezutuni: „David Gina sends us to see you!"

Wir haben David, den Autor dieser Mitteilung, in Auki kennen gelernt, dem Hauptdorf von Malaita. Eine typisch salomonische Begegnung: An einem heißen Tag ohne Regen hatten sich mehrere Bürger unter den beiden Decken-Ventilatoren des Büros der Solomon Airlines eingefunden. Niemand von ihnen trug sich mit akuten Reiseabsichten. Über der Holzbank hing ein Schild: „Diese Bank ist nicht zum Hinlegen da."

Der Zufall platzierte mich neben David Gina. Wir hatten Zeit, und er resümierte die einschneidenden Episoden seines Lebens. Der Höhepunkt war Davids Heirat mit der Tochter des Häuptlings von Tiberias, eines Kaffs in den Western Provinces der Salomonen, vor über 20 Jahren: „Glauben Sie, Sie kommen zufällig dort vorbei?" Ich antwortete, wir hätten ein Segelschiff, was das Zustandekommen solcher Zufälle durchaus plausibel mache.

David strahlte: „Okay, Sir." Und schrieb mir seine Botschaft an Frank Lezutuni ins Notizbuch.

Ich hatte mich gefragt, was der Häuptling, sollten wir ihn je zu Gesicht bekommen, von dieser Nachricht halten würde; und auch, wie er ganz allgemein über seinen Schwiegersohn dachte. Als es dann schließlich so weit war, sagte Frank Lezutuni nur: „Ach ja, David, wir haben ihn lange nicht gesehen."

Es war nicht leicht, Frank zu finden. Tiberias liegt an der Sandfly Bay. Frank, ein robuster Kahlkopf von 60 Jahren, hat das Dorf vor einem Vierteljahrhundert durch den Bau einer Hütte gegründet. Dann ließ er seine Schwester Gladys und deren Ehemann Nathaniel nachkommen, und sie wurden zum fruchtbaren Boden, auf dem der Stamm gedeiht: Gladys hat 17 Kinder geboren, elf von ihnen haben in der Wildnis überlebt.

Mit den zahlreichen Enkelkindern kam Wohlstand nach Tiberias. Die beiden hübschesten Mädchen, Daisy und Dolores, heirateten ältere Ausländer, einen Japaner und einen Australier. Andere Enkel schafften den Sprung nach Honiara, durch Beruf oder durch Heirat, und das Ergebnis so vieler Glücksfälle lässt sich heute im Dorfbild von Tiberias ablesen: kräftige Pfahlhäuser, geräumig und gepflegt, mit Dächern aus Wellblech, aus deren Furchen Regenwasser in Trinkwassertonnen abfließt.

Die einzigen Hütten aus Palmblättern bewohnt Frank Lezutuni unten am Strand. Dort ist er den Krokodilen näher. Frank sagt, in den Krokodilen lebten die Geister der Vorfahren.

Natürlich betrifft dies nicht alle Krokodile und auch nicht alle Vor-

»Und immer wieder lange Segeltage – irgendwo in einem leeren Ozean, der kaum Richtpunkte kennt«

Haushalt, Erziehung, Feldarbeit: Der Alltag der Frauen auf den Salomonen hat sich in den vergangenen Jahrhunderten kaum gewandelt. Auch neue Gesetze zur Gleichberechtigung konnten die traditionelle Rollenverteilung kaum verändern. Immer noch entscheiden vorwiegend Männer; Frauen bleiben meist nur niedere Positionen in Schulen, Krankenhäusern oder Kirchen

fahren. Nur die alten, sechs bis sieben Meter langen Reptilien sind beseelt von den Geistern wichtiger Männer, meistens Häuptlinge. Aber waren die denn nicht bekehrt worden?

Nachsichtig schüttelt Frank den nackten braunen Schädel: „Ja, wir sind Christen. Wir beten nicht mehr zu Krokodilen. Aber natürlich reden wir noch miteinander."

Vor kurzem zum Beispiel kam ein Krokodil aus dem Oula River den weiten Weg bis zu Franks Hütten geschwommen und legte sich neben die Kanus auf den Strand. Ein Blick genügte: die riesigen Zähne, die sich seitlich aus der Schnauze bogen, das unter schweren Lidern faulende Gelb der Augen, die knorpelige Starre des alten Drachens. Frank wusste Bescheid: ein Ahne, da war eine gewisse Zurückhaltung angebracht.

Doch was tat der Vorfahr? Er holte sich eines von Franks Schweinen, die kosten 400 salomonische Dollar, umgerechnet 80 Euro. Frank, der seitens der Verwandtschaft schon einiges gewohnt war, sagte zunächst nichts. So ging das zwei Monate lang. Frank mit Frau, Kindern und Enkeln in der Hütte, der Vorfahre grün und müßig bei den Kanus. Bis er wieder Hunger bekam und sich ein weiteres Schwein schnappen wollte. Das Tier kam quiekend mit dem Leben davon, ist aber seither blind.

Frank sah ein, dass es so nicht weitergehen konnte. Eines Abends stellte er sich vor das Krokodil und sprach: „Großväterchen, nun ist es an der Zeit, dass du heimkehrst. Wir können dich nicht länger bei uns behalten." Das Krokodil starrte Frank aus müden Augen an und glitt ins Wasser; sein langsamer Abschied hinterließ eine breite Schleifspur auf dem feuchten Sand.

Da es auf Vella Lavella nichts Dringlicheres zu tun gibt, wollen wir den Großvater suchen gehen. Frank weiß, wo er wohnt: in einer Höhle unter Wasser, zwei Stunden den Oula River hinauf. Am Morgen schieben wir Franks mächtigen Einbaum in den Fluss, sein Sohn besorgt Sprit für den Außenborder, zwei Kinder hüpfen eilig ins Boot.

Wir umfahren eine Landspitze, durchkreuzen eine Bucht, tauchen ein in die Mündung des Flusses. Schmetterlinge groß wie Vögel flattern über das braune Wasser, gigantische Farnblätter hängen vom Ufer herab. Daneben wilde Bananenstauden, mit Blättern wie Kanupaddel. Und Palmwedel, deren gotische Schwünge Tunnel ohne Anfang und Ende formen, durchkreuzt von Lianen, die 30, 40 Meter hoch in ein undurchschaubares Blätterwerk greifen.

Grünes Delirium! Wer nie die Gelegenheit hatte, über die Lichtschneise eines Flusses in tropischen Regenwald einzudringen, kann nur eine begrenzte Vorstellung von Grün haben. Kann nicht ahnen, dass Grün mehr ist als nur Farbe, vielmehr ein

Manche Inselbewohner auf Vella Lavella glauben, dass der Geist ihrer Ahnen in Krokodile fährt. Im Oula River suchen sie dann nach solchen *custom crocs*

Diese Familie auf Vella Lavella glaubt nicht an die Seelenwanderung der Ahnengeister. So konnte sie auch unbeschwert einem Krokodil den Kopf abschlagen und ihn als Dekoration in ihr Haus stellen

An einer Flussmündung wird das letzte Abendlicht
zur Rückkehr in die Dörfer genutzt – kurz bevor Vella Lavella
mangels Elektrizität in tiefste Dunkelheit fällt

Zustand, eine Materie, derer sich die Formen bedienen wie Michelangelo des Marmors: um ihnen den Ausdruck elementaren Lebens aufzuprägen.

Der Oula River verengt sich. Hinter einer Biegung versperrt uns ein Baumstamm den Weg. Wir steigen in das Wasser, schieben das leere Boot über das Hindernis hinweg. Eine Viertelstunde später ist es eine Sandbank, die uns blockiert. Weiter werden wir wohl nicht kommen. „Es ist da hinten“, sagt Frank. „Zum letzten Mal war ich vor 30 Jahren hier. Aber ich erinnere mich genau an die Stelle.“

Wir waten die letzten Meter. Bis an den Rand eines Tümpels, der unter nackten Mangrovenwurzeln in trüben Tiefen verschwimmt. „Dort lebt er für alle Ewigkeit“, flüstert Frank. „Niemand kann ihn töten.“ Eine Luftblase zerplatzt auf dem Wasser. Doch nichts rührt sich. Franks starrer Blick fixiert weiter den Tümpel. „Großvater!“ ruft er. „Tu uns nichts zuleide! Wir sind von deinem Volk!“

Das dunkle Herz einer leeren Insel im stillen Ozean. Hoch oben in den Kronen der Urwaldriesen schreit ein Papagei. Als hätten sie auf dieses Zeichen gewartet, stimmen einige Zikaden ihr elektrisches Konzert an.

Doch der Lärm trügt. Ich bin sicher, auf der ganzen Welt gibt es keinen einsameren Ort. „Vielleicht schläft Großvater“, meint Frank. „Lass uns noch ein wenig warten.“

In einer Welt aus

Geben und Nehmen

Seit 1975 ist Papua-Neuguinea unabhängig, aber so richtig scheint der Staat bis heute nicht in der Moderne angekommen zu sein. Noch immer lebt ein großer Teil seiner Bevölkerung nach jahrhundertealten Regeln, gilt etwa auf den Trobriand-Inseln nach wie vor eine weltweit einmalige Schenk-Kultur. Andernorts aber, etwa auf Bougainville, ist das 21. Jahrhundert mit all seiner zerstörerischen Macht über die Menschen hereingebrochen - als Umweltkatastrophe und als Bürgerkrieg. Peter Sartorius und George Steinmetz durchqueren eine Region, die wie kaum eine andere Schönheit und Schrecken der Südsee vereint

Ruhig liegt der Billy-Mitchell-See in einem erloschenen Vulkan auf Bougainville. Im Hintergrund raucht der 1730 Meter hohe Krater des Bagana

Der Jaba-Fluss auf Bougainville ist unter dem Abraum der Kupfermine „Pangu

immert. 15 Jahre lang hat das Bergwerk die Insel vergiftet – bis sich die Bewohner zu einem Kriegszug gegen Eigentümer und Regierung aufmachten

Mali ist eine bewohnte Insel vor New Britain, rund drei Kilometer von Lihir entfernt. Die Menschen leben auf der Landenge, nahe am Meer. Au

n der Insel, zwischen den Bäumen, bauen sie in kleinen Gärten Jams-Wurzeln an

Auf dem Höhepunkt des Feuerta

gen die Männer vom Volk der Baining auf New Britain durch lodernde Glut – um auf diese Weise die Erinnerungen an die Toten auszulöschen

Alle paar Tage spuckt der Tavurvur auf New Britain grauen Auswurf in den Himmel. Die Anwohner nehmen es mit pazifischer Gelassenheit

Ein Mitarbeiter der Vulkan-Überwachungsstation in Rabaul misst die Temperatur der heißen Quellen, die aus den Erdlöchern am Fuße des Tavu

Ein Blätterwald als Ehrenbezeugung: Bewohner eines Dorfes auf New Britain haben sich in althergebrachte Kostüme gewandet, um die Rückkehr ei

olischen Priesters aus dem Ausland zu feiern

Deutsche Missions-Schwestern in einem katholischen Hospital nahe Rabaul: Das Krankenhaus gehört zu den raren Überbleibseln deutscher Kolonialgeschichte auf Papua-Neuguinea. 500 Kilometer davon entfernt, auf der Trobriand-Insel Kiriwina, legen die Schüler einmal im Monat traditionelle Kleidung an

Speerfischer im flachen Wasser vor den Trobriand-Inseln. Die Männer fangen Riff-Fische, die sie auf dem Markt von Losuia auf Kiriwina verkaufen

Mittagspause in einer Schule auf Kiriwina: Am allmc

…hen »Tag der Tradition« tragen die Schüler keine Hosen und Hemden, sondern schmücken sich stattdessen mit Federn, Blumen und Körperbemalung

Ein Mädchen auf der Trobriand-Insel Kiriwina schminkt sein Gesicht am »Tag der Tradition« mit Kalk und Kreide. Auf der Nachbarinsel Kaileuna stellen Frauen schon frühmorgens vor ihren Hütten das traditionelle Blatt-Geld her. Zunächst prägen sie mit einem Brett ihr Familienwappen in frische Bananenblätter, danach legen sie diese zum Trocknen aus. Bezahlt wird mit der alten Währung allerdings nur noch der Bau eines Hauses – oder die Mitgift

Vor Kiriwina flüchten Fische aus ihren Verstecken: Speerfischer haben Gift aus zerstampften Derris-Wurzeln in die Unterschlüpfe im Riff geleitet

gen die Tiere anschließend am Auslegerboot

In einer Bucht vor Kiriwina warten Speerfischer aus dem Dorf Giwa in Booten auf Beute

Auslegerboote sind seit Jahrhunderten die Verkehrsmittel zwischen den Trobriand-Inseln. Die Segel aus Blättern des Pandanus-Baums trotzen se

Bis weit aufs Riff hinaus zeigen die Menschen auf Kitava mit symbolverzierten Stangen, dass eine arbeitsreiche Zeit zu Ende ist: das Setzen der Ja

·klinge, der wichtigsten Kulturpflanze

ren die Kula-Boote auf Kitava. Die Palmblätter sollen die Rümpfe vor dem Austrocknen in der Sonne schützen – das Holz könnte sonst brechen

Teamar

avaner helfen Händlern, deren Schiffe zu Wasser zu lassen. Dann stechen die Männer in See – mit Kurs auf das rund 20 Kilometer entfernte Kiriwina

In der Schule von Kitava bemalt Clesta Elliot seine Schwester Glenda am »Tag der Tradition«. Die weiße Schminke besteht aus Kokosnussöl, Kalk und gekochtem Korallenstaub. Ein »Fliegender Fuchs« hängt an einem Zweig auf Kitava: Diese Fledermäuse haben einen starken Biss, mit dem sie allerdings nur vegetarischer Nahrung zusetzen

Das Dorf Yanaba auf dem Egum-Atoll liegt gefangen im Meer, mehrere Segeltage entfernt

hsten Ort mit Elektrizität. Nur selten wagen sich die Bewohner mit ihren Booten auf den meist rauen Ozean

Alle 120 Bewohner von Egum gehen gemeinsam fischen – mit dem einzigen Netz der Insel. Nur so können sie in der flachen Lagune genug Beute mach

Treibjagd im Meer: Mit Schreien und Tritten jagen die Fischer von Egum ihre Beute ins Netz

Die Nacht wird auf Egum nur vom Mond, den Sternen und Herdfeuern erhellt – und zuweilen von der Leuchtspur eines Spans, mit dem ein Inselbewoh

ine Zigarette entzündet

Bougainville könnte ein Abbild des Paradieses sein. Wer an einem Spätnachmittag vor der Insel aufkreuzt, vermag in ähnliche Schwärmerei zu verfallen wie vor mehr als zwei Jahrhunderten Louis-Antoine de Bougainville, der Erforscher Melanesiens, Namensgeber der Insel und Verkünder einer heilen Südseewelt.

Blendend weiße, schäumende Brandung. Ein endloser Strand aus schwarzem, vulkanischem Sand. Dahinter der Tropenwald, eine steile Berglandschaft, gekrönt vom rauchenden Mount Bagana, dem sanften Feuerberg. Ein Regenbogen hängt wie angenagelt am Himmel, er könnte die kunstvolle Theaterkulisse sein für ein Epos über das Glück auf Erden.

Doch auf Bougainville wird kein friedliches Stück aufgeführt. Man müsste erst die Mörder, Brandschatzer, Vergewaltiger, Ausbeuter und politischen Verführer von der Insel jagen.

Wie schnell sich eine Szenerie verändert! George Steinmetz und ich gehen nahe des Hafens Arawa an Land, an einem verlassenen Kai neben dem Skelett eines verbrannten Lagerhauses. Keine weiße Brandung. Nur ölig schwappendes Schmutz-

Die vierte Etappe der GEO-Expedition: Von den Salomonen aus reisten Peter Sartorius und George Steinmetz nach Bougainville und New Britain, fuhren nach Lihir, segelten schließlich zu den Trobriand-Inseln und zum Egum-Atoll

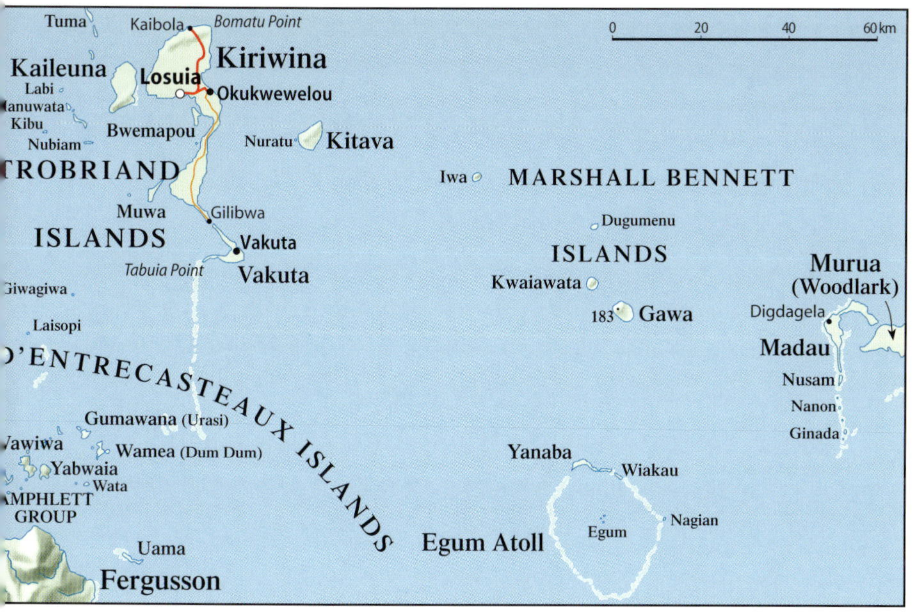

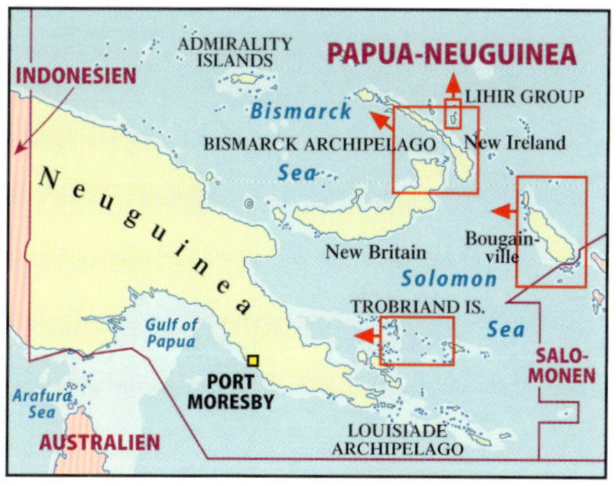

Die Inseln, die das 3. GEO-Team besuchte, liegen im Ostteil Papua-Neuguineas. Über rund 460 000 Quadratkilometer erstreckt sich die Fläche des Landes – und ist damit etwa so groß wie die von Deutschland, Österreich und der Schweiz zusammen. 4,6 Millionen Einwohner leben auf den rund 600 Inseln. Ein Volk aber sind sie nicht:

Wie in vielen anderen Staaten der Südsee leben in Papua-Neuguinea viele Stämme, rund 750 Ethnien. Noch gehören die Bewohner von Bougainville dazu, doch die Insel strebt nach Unabhängigkeit

wasser. Es ist unerträglich heiß und schwül. Die Zunge klebt uns im Hals. Es gibt keinen Bus. Und keine Wechselstelle, die uns mit Kina, der Landeswährung, versorgen könnte. Und es gibt auch keine Grenzabfertigung, die uns einen Einreisestempel in den Pass drücken würde, nachdem wir, von den Salomonen kommend, nun auf dem Boden Papua-Neuguineas stehen. Es gibt nicht mehr viel in Arawa.

Die Stadt ist einmal das Zentrum Bougainvilles gewesen, mit einem Hospital, einer kleinen Universität, Bank, Supermarkt und einem Waschsalon. Und mit der Mine „Panguna" oben am Berg. Panguna – das ist das Schlüsselwort, um zu begreifen, was mit Arawa geschehen ist. Und mit Bougainville.

Mehr als zwölf Jahre, von 1988 bis 2001, herrschte Bürgerkrieg auf dieser östlichsten Insel Papua-Neuguineas; von 170 000 Einwohnern sind ihm mehr als 15 000 Menschen zum Opfer gefallen, weitere Zehntausende sind geflohen oder hielten sich jahrelang im Busch versteckt. Ein Bosnien in der Südsee, mit dem Unterschied, dass die hiesige Tragödie weitgehend ignoriert wurde von der Welt.

Und alles wegen Panguna. Die Mine, eine der größten der Welt, bevor der Krieg sie stilllegte, hat zeitweise ein Viertel des Nationaleinkommens von Papua-Neuguinea erwirtschaftet. Ein pumpender Organismus, der sich in den Boden gewühlt und ein sieben Quadratkilometer großes, 500 Meter tiefes Loch gerissen hat, dabei Felsgestein in jenen Brei verwandelnd, aus dem mithilfe aggressiver Chemikalien vor allem Kupfer, aber auch Gold und Silber gewonnen wurden. Mehr als 4000 Arbeiter hatten den gigantischen Verdauungsapparat in Gang gehalten und dabei den Süden der Insel zerstört, die kaum kleiner ist als Zypern. Nur durch eine Rebellion, so empfanden viele Bewohner von Bougainville, war das Monster zu stoppen.

Seit Beginn der Produktion im Jahre 1974 sind jeden Tag 150 000 Tonnen Abraum aus der Mine geströmt; Flüsse im Südwesten der Insel verlagerten unter der Sedimentlast ihren Lauf, die fruchtbaren Ufer verschlammten. Erst brach vielerorts der Ackerbau zusammen, dann der Fischfang, weil die Fische in einem Cocktail aus Molybdän, Arsen, Blei, Quecksilber und gelöstem Kupfer verendeten. Große Areale des Regenwalds starben, etliche Tierarten wurden dezimiert, andere ausgerottet, auf den Feldern gingen in der Schwemme der Chemikalien die Erträge zurück.

Nie war die Umweltverträglichkeit der Mine geprüft worden; die Staatsregierung von Papua-Neuguinea hatte die Insel zur *national sacrifice area* erklärt, zum Opfer für den wirtschaftlichen Aufschwung.

Wären wenigstens die Gewinne auf der Insel geblieben. Aber nur ein Prozent davon gaben Regierung und der Minenbetreiber, der australische Konzern Conzinc Rio Tinto, dem Volk. Nicht einmal das Obst und Gemüse für ihre Arbeiter wollte das Management auf der Insel kaufen, es wurde zum großen Teil importiert.

1979 erste Unruhen, 1980 Straßenbarrikaden. Ende der achtziger Jahre eskalierte die Wut der Insulaner zum Krieg unter Führung des ehemaligen Minenangestellten Francis Ona. Der ließ Strommasten sprengen und die Dynamitvorräte der Mine plündern; schließlich bezwang er das Monster und legte es lahm. Papua-Neuguinea schickte Truppen, danach herrschte offener Kampf, unterbrochen nur von wiederkehrenden Waffenstillständen.

Was wie eine allzu simple Geschichte klingt – Mine erzeugt Krieg –, firmiert unter Konfliktforschern als ziemlich erschöpfende Wahrheit: Bougainville gilt als Musterbeispiel eines „ökologisch induzierten Krie-

»Neugierige Bewohner von Bougainville besuchen die ›Freydis‹. Die erste private Yacht, die die Insel seit Ende des Bürgerkrieges anläuf

Alle Notizen: George Steinmet

Ein Relikt des Zweiten Weltkriegs: Unterhalb der »Freydis« liegt ein zerstörtes japanisches Wasserflugzeug

Der Bagana auf Bougainville ist immer noch aktiv, doch der Vulkan stößt nur hin und wieder dunklen Schwefelrauch aus

ges“. Als Exempel dafür, wie ungehemmter Raubbau an der Natur eine Gesellschaft in den bewaffneten Widerstand treiben kann.

Wir wandern durch Arawa, die Stadt, die ihre Existenz und ihren Niedergang der Mine schuldet. Wir sind schweißgebadet, müde, durstig. Wie in einem Stummfilm liegt die tote Stadt vor uns. Das Hospital: ein Haufen verrosteter Eisenträger mit übereinander geworfenen Bettgerippen. Tankstellen, Ladengeschäfte, Bankfilialen: ausgebrannt. Von der kleinen Insel-Universität ist nur eine verwitterte Tafel im Filz des Regenwaldes geblieben, der sich wie ein grünes Grabtuch ausbreitet. Ein ganzer Stadtteil ist verschwunden, liegt unter Schlingpflanzen, so wie die Antennen der Radiostation – bizarre grüne Monster, Symbolgestalten der Erstarrung im Schrecken.

Was kann uns Captain Belinda Byrne über den aktuellen Stand der Tragödie sagen? Sie ist Presseoffizierin der Peace Monitoring Group, die pazifische Anrainerstaaten unter Australiens Führung zur Überwachung des jüngsten Waffenstillstands entsandt haben. Vor den pfirsichgelben Flaggen der Friedenswächter baut sie sich auf, militärische Knappheit in der Stimme: „No information! Sie haben keinen Einreisestempel. Sie sind Illegale.“

„Captain, wir haben ein gültiges Visum, und wir haben von Moses, dem Polizeichef, die Genehmigung erhalten, uns hier in Arawa umzuschauen.“

Militärisches Kopfschütteln. So geht es eine Weile, bis wir bei unserer letzten Bitte ankommen: „Captain, verbietet es ihr Pflichtbewusstsein, uns ein Glas Wasser anzubieten?“

„Yes, Sir. Sogar das!“

Die Verschlossenheit der Belinda Byrne mag mit dem Umstand zu erklären sein, dass seit Jahren keine Journalisten mehr die Insel besucht haben; und damit, dass Byrnes Arbeitgeber, Australiens Armee, tief verstrickt ist in den Konflikt.

Erst seit kurzem betätigt sich das reiche Nachbarland als Friedensmacht, zuvor hat es den Krieg mitfinanziert, ja, ihn wohl überhaupt erst ermöglicht. Ein Großteil der Streitkräfte Papua-Neuguineas lebt von Überweisungen aus Canberra; ohne diese Hilfe hätten niemals Tausende

Die Menschen auf der Insel Shortland bei Bougainville nutzen das Flugzeug, das einige Male pro Woche kommt, wie andere einen Bus

von Papua-Soldaten Bougainville besetzen können.

Dort bewiesen sie, dass man auch auf einer traditionellen Insel modernen Terror verbreiten kann, mit Folter, Massakern, Vergewaltigungen von Frauen und Mädchen. Im Gegenzug verwandelte die Bougainville Revolutionary Army (BRA) des Francis Ona die Anlegestelle von Arawa zum Schafott – zu Dutzenden dümpelten Leichen im Wasser. Noch immer sitzt Ona, eine Art finsterer Che Guevara des Pazifik, in der stillen Mine, verschanzt hinter dem Abraum der Geschichte.

„Wir waren ganz oben", sagt Robert, „jetzt sind wir ganz unten. Noch tiefer als unten." Robert ist Katechist und sieht mit seinem rot verschmierten Mund aus, als wäre er blutig geschlagen worden beim Versuch, seinen Christus im Krieg zu verteidigen. Der rote Mund rührt vom Betelnuss-Kauen; aber seinen Jesus haben Rebellen tatsächlich mit Gewehrkolben vom Kreuz geschlagen, über dem Altar der St.-Michaels-Kathedrale, der Hauptkirche von Bougainville.

Trostlos verlassen liegt der Holzbau neben der Straße. Robert hat einen Jeep organisiert, den man hier braucht, um vorwärts zu kommen. Die Fahrbahndecken sind aufgerissen wie tiefe Fleischwunden; das Einzige, was das Fahrzeug abfedert, sind schlammige, ausgefranste Tümpel und zuweilen Teppiche aus Frosch-

Spuren der Tragödie auf Bougainville: Weil sie die Umweltzerstörung durch die Betreiber der „Panguna"-Kupfermine nicht mehr ertragen wollten, begannen die Inselbewohner 1989 einen fast zehn Jahre andauernden Bürgerkrieg gegen die Regierung – und zerstörten unter anderem die Radiostation von Arawa. Inzwischen hat der Urwald die Sendeanlagen überwuchert

leichen. Wir holpern nach Süden zur Missionsstation Koromira, dorthin, wo der Regenbogen über den Bergen gestanden hatte.

Aber zunächst gibt es ein überraschendes Wiedersehen. Dort, wo das Dorf Pewana einmal ein geordnetes Gemeinwesen am Rand der Straße gewesen ist, taucht Chief Joseph aus dem Dschungel auf. Schon einmal habe ich ihn gesehen. Bevor wir mit der „Freydis“ die Bucht von Kieta anliefen, hatten wir eine Nacht vor der Küste auf Reede gelegen, weil wir uns nicht an Land wagten. Wegen der Brandung und der Untiefen – und wegen der unkalkulierbaren Gewalt auf Bougainville.

Mitten in der Nacht hatte mich ein scharrendes, schabendes Geräusch aufgeschreckt. Als ich durch das Bordfenster blickte, sah ich erschrocken in ein menschliches Gesicht. Ein kaum bekleideter Mann stand da, auf einem Ausleger-Kanu balancierend. Das Stechpaddel hielt er wie ein Gewehr geschultert. Wortlos starrten wir uns an, getrennt nur durch das Glas. Dann war das breite, schwarze Gesicht wieder verschwunden, und als ich an Deck stieg, sah ich, wie sich ein Schattenriss im Kanu lautlos von unserem Schiff entfernte.

Nun also begegne ich dem Schattenriss wieder. Ein leibhaftiger Mensch ist aus ihm geworden. Einer voller Würde. Er stellt sich als Chief Joseph vor, und plötzlich präsentiert sich das

Einst galt Arawa als eine der am weitesten entwickelten Städte Melanesiens. Heute liegen fast alle Gebäude in Trümmern, auch das Krankenhaus. Bis zum Waffenstillstand 1998 wurden in den Kämpfen rund 15 000 der 170 000 Inselbewohner getötet. Zehntausende sind geflüchtet

Drama um Bougainville nicht mehr als Stummfilm.

Chief Joseph ist einer, der sich den Schrecken von der Seele redet, der erzählt, wie Pewana unterging, sein Dorf. Wie dort die Menschen von den Rebellen terrorisiert wurden und gleichzeitig von der Armee; wie der Ort zwischen den Kriegsparteien zermalmt wurde, bis von ihm nur noch die verkohlten Stümpfe der Hütten standen. Entsetzt seien er und die seinen in den Busch geflohen, jahrelang hätten sie sich nicht mehr aus ihm hervorgewagt. Erst jetzt sind sie zurückgekehrt, weil Rebellen und Regierung im März 2000 vor Erschöpfung einen Waffenstillstand geschlossen haben, der bislang gehalten hat; zurückgekehrt sind sie in die Ruinen ihrer Häuser und mitten hinein in den Geruch verwesender Tierkadaver, der in der schwülheißen Luft hängt. Es wird noch lange dauern, bevor in Pewana wieder geregeltes Leben einkehrt.

So gut wie alles hat der Minenkonzern falsch gemacht, nicht nur ökologisch. Lange verweigerte er Entschädigungszahlungen an die *land owners*, die Land besitzenden Stämme. Als er dann zu Verhandlungen bereit war, führte er sie mit den Männern – ein kapitaler Fehler in einer matrilinearen Gesellschaft, in der Land von der Mutter an die Tochter vererbt wird, nicht vom Vater an den Sohn.

Und wie einfach die Manager dachten: Geld gegen Land! Wo doch der

Fische – mal harmlos, mal gefährlich: Auf dem Markt hängt die Ware am Zaun, vor New Ireland lauert ein Hai im Meer

Dunkler Rauch und weißer Dampf liegen über dem Hafen von Rabaul auf New Britain.
1994 begrub der Vulkan Tavurvur die Stadt unter einer gigantischen Aschedecke, und die Menschen gingen fort – weil der Feuerberg ihnen keine Ruhe lässt

Boden einem undurchschaubaren, endlos komplizierten Geflecht aus abgestuften, vorübergehenden Nutzungsrechten, flexiblen Grenzen, fließenden Besitzständen unterworfen ist, die seit Jahrhunderten mündlich überliefert werden. Zudem gab Conzinc Rio Tinto die meisten Jobs an Zuwanderer von anderen Inseln – was Bougainvilles fein regulierte Stammesbeziehungen aus der Balance warf und dazu führte, dass ein neues Feindbild entstand: Die Menschen verfluchten nunmehr die „Roten", die Einwanderer hellerer Hautfarbe, die ihnen Arbeit wegnahmen.

Fast wie im Labor kann man auf Bougainville studieren, wozu Menschen gebracht werden, wenn man ihnen ihr vertrautes Leben nimmt. So ist der Minenkonzern doppelt gescheitert: an der Natur und an der Tradition.

Aber wie elend auch, dass die Regierung Papua-Neuguineas im Verbund mit Australien gewalttätig simpel auf die anfänglichen Proteste reagierte: mit einer fast zehnjährigen Totalblockade der Insel – nicht einmal Medikamente wurden durchgelassen. Daran, und nicht an Waffengewalt, starb die Mehrzahl der Menschen: an mangelnder medizinischer Hilfe gegen Malaria, Ruhr, Cholera. Und keine Weltöffentlichkeit empörte sich. Wen soll es da noch wundern, dass die Rebellen schließlich auch die Unabhängigkeit von Papua-Neuguinea forderten.

Das Abkommen vom März 2000 zwischen Regierung und Aufständischen sichert Bougainville nun weitgehende Autonomie zu; darin liegt die Hoffnung für einen Neuanfang. Aber wird die Feuerpause halten, wird sich die geschundene Insel erholen? Niemand wagt Vorhersagen, Robert nicht, Belinda Byrne nicht, Chief Joseph nicht, und hoch oben in der Mine schweigt auch Francis Ona.*

An unserem letzten Tag auf der Insel kreisen wir im Hubschrauber über der Kupfermine, von der aus Ona unser Flugmanöver vermutlich durch das Visier eines Geschützes verfolgt. Wir sehen das Loch, die aufgerissene Wunde in der Landschaft, sehen,

* Am 1. Juni 2001 hat die Bougainville Revolutionary Army, BRA, und die Regierung Papua-Neuguineas ein Friedensabkommen unterzeichnet. Danach soll in zehn bis fünfzehn Jahren die Bevölkerung über ihre Unabhängigkeit entscheiden dürfen.

Seit dem Vulkanausbruch 1994 ist die Hauptstraße von Rabaul wie ausgestorben. Große Teile der Geisterstadt sind verschüttet

spielzeugklein, Bagger, den Klärteich, Schienen für Loren, aber keine Menschenseele. Wir sehen die kilometerbreite graue Schlackenschneise, in der nichts mehr wächst, und statt einer Bucht sehen wir eine dicke, ins Meer drückende Geschwulst, den Auswurf der Mine. Wir sehen: eine Landschaft wie eine Anklage.

~

Auf der Gazellen-Halbinsel konzentriert sich das Leben New Britains, auch wenn das Zentrum gestorben ist: Rabaul, die vom Vulkan ausgelöschte Stadt. Einst war sie einer der lebendigsten Orte in der Südsee. Kolonisten, Kolonialisten und Missionare aus Europa sind hier angelandet; reich geworden ist Rabaul durch den Verkauf von Kopra und Kakao. Als sich die Insel 1884 für 30 Jahre in Neu-Pommern verwandelte, wurde die Stadt zur deutschen Kaiser- und Kirchensache und zum wichtigen Handelshafen. Und später zur Kriegsbühne. Die Japaner besetzten Rabaul im Januar 1942, wofür der unschuldige Ort fürchterlich bestraft wurde: Er ging im Bombardement alliierter Bomber unter. Aber damals ist er wieder aufgebaut worden, routiniert wie oft zuvor.

Jetzt nicht mehr.

Drei lange Tage und Nächte waren wir von Bougainville aus unterwegs, Kurs Nordwest. Jetzt liegt unser

Schiff, die „Freydis", in einer weit geschwungenen Bucht vor Anker. Ringsum Vulkankegel. Rechter Hand einer, der in schweren Atemstößen schwarze Wolken in den Himmel stößt: der Tavurvur. Linker Hand weitere Vulkane, scheintot, überzogen mit rissiger Elefantenhaut. Dazwischen Rabaul, erdrückt von einem dicken Ascheteppich, den der Tavurvur 1994 auf die Stadt gelegt hat. Wir holpern im Auto über die Innenstadt hinweg, an Ruinen von Häusern vorbei, die halb ausgebuddelt und dann doch aufgegeben worden sind.

Ich habe mich bei Ima Itikarai angemeldet, dem Chef des vulkanologischen Observatoriums oberhalb der Stadt. Was geht vor im Berg? Ima Itikarai ist ein herzlicher Wissenschaftler, in dessen Blick Melancholie liegt; vielleicht, weil er im entscheidenden Moment nicht hier, sondern bei der Beerdigung eines Onkels auf dem Festland war – an jenem 19. September 1994, als Rabaul unterging.

Einen Tag vor der Katastrophe hatte ein Erdbeben die Stadt geschüttelt. Das war nichts Ungewöhnliches, die Gegend gehört zu den erdbebenträchtigsten der Welt. Ein gewaltiges Stück Erdrinde, die pazifische Platte, drückt unerbittlich gegen die indisch-australische Kontinentalplatte, schiebt sich darunter, öffnet Schlünde, verhakt sich und bringt den Erdboden in Bewegung. Aber dieses Beben war heftiger gewesen als vorausgegangene, und kurz darauf folgte der Ausbruch.

Nicht nur der Tavurvur spuckte. Jenseits der Bucht öffnete sich ein zweiter Vulkan. Zangenangriff. Zum Glück waren die Einwohner der Stadt bereits auf der Flucht. Es grenzt an ein Wunder, dass die Katastrophe nicht mehr als fünf Menschenleben forderte. Und nachträglich noch einen Verletzten: Einem Plünderer wurde bei der Verfolgung die Nase abgehackt.

Ima Itikarai breitet eine Karte aus, eine Art Röntgenaufnahme der Erde unter Rabaul. Zwei brandrote Entzündungsherde sind darauf zu erkennen: breite Gesteinsblasen, gefüllt mit Magma, das durch Kanäle nach oben drückt.

Alle paar Tage macht sich dies durch den Ausstoß von Rauchwolken bemerkbar. Alle 50, 60 Jahre werden

Frisch ausgegraben: So genannte »Thermometerhühner« verscharren ihre Eier in der warmen Erde nahe des Tavurvur. Dort reifen die Jungen wie in einem Nest heran

Begleitet von Trommelschlägen tippt der *dukduk*-Gott einem Jungen mit einem Stab auf die Schulter – und nimmt ihn auf diese Weise in den Kreis der Männer von Matupit Island in der Nähe Rabauls auf

gigantische Aschefontänen herausgeschleudert. Und alle zwei, drei Jahrtausende leert sich die Blase so weit, dass sie in einem gigantischen Trichter einstürzt. „Es wäre unvernünftig“, sagt Ima Itikarai, „Rabaul noch einmal auszugraben.“ Weil man nach einem Ascheregen zwar Blätterhütten rasch wieder errichten könne, aber nicht Flugpisten, Bürogebäude, Tankstellen – die Moderne ist nicht vulkankompatibel.

Der Tod Rabauls war der Beginn des Aufschwungs von Kokopo, das eine knappe Autostunde entfernt liegt. Die Straßen dort wurden auf das Doppelte verbreitert und asphaltiert, in eilig gezimmerten Hallen eröffneten Supermärkte. Der Flughafen und das College wurden hierher verlegt, die Verwaltung richtete sich ein.

Wir nähern uns per Boot dem dröhnenden Tavurvur. Wir gleiten durch orangegelbes Wasser, gefärbt vom auslaufenden, schwefligen Speichel des Vulkans. Doch an Land können wir hier nicht, weil die Erde kochend heiß ist.

Der Dschungel auf der Westseite des Tavurvur ist unter der Vulkanasche erstickt

Was hätten wir dort auch zu suchen? Die Landschaft ist ohne Leben wie der Mond. Über uns keucht der Berg. Und da, mit einem Mal, explodiert er.

Wie Pfeile schnellen aus seinem Krater schwarze, spitze Wolken. Gespenstisch lautlos zunächst. Sie blähen sich zu riesigen Ballen. Werden über unseren Köpfen zum Atompilz, verdunkeln den Tag. Blitze zucken, weil die Asche in der Atmosphäre durch Reibung Elektrizität erzeugt. Donner erfüllt die Luft. Asche prasselt auf uns hernieder.

Drüben, in einem kleinen Dorf an der Bucht, holen sie später gelassen ihre Besen heraus und fegen die Asche weg, einen Zentimeter dick vielleicht. 1994 war sie meterhoch gefallen. Was wir erlebt haben, das war bloß ein Rülpsen des Berges.

~

Und wieder stieben Funken, fliegt Asche. Wir sind in den Regenwald hineingefahren, nach Gaulim, nur ein paar Dutzend Kilometer entfernt vom Tavurvur, aber Galaxien weit weg von der uns vertrauten Welt. Es ist Nacht, und wir tasten uns zu einem Scheiterhaufen, der wilde Feuerlohen in den Himmel wirft. Wir dringen ein in eine Phantasmagorie tanzender Schemen.

Muskulöse Männergestalten springen herbei, auf deren glänzenden Körpern bizarre Vogelköpfe sitzen, mit Riesenschnäbeln und riesigen, weit aufgerissenen Augen. Weibliche Geschöpfe kommen daher, gewandet in

»Kinder nutzen Kokospalmen als Sprungbretter – die Natur als berauschend schöner Spielplatz«

geschnittene Palmwedel, die ihnen das Aussehen von Elfen gäben, wären da nicht die Tierschädel auf ihren grazilen Körpern. Schlangen tragen sie im festen Klammergriff mit sich, lebende, vier, fünf Meter lange Pythons, die sich verstört vor den Vogelmännern und den Tierfrauen winden.

Hunderte von Frauen sind es, die in Trippelschritten ums Feuer ziehen, eine ganze Karawane, nein, eine Völkerwanderung von Blätterfrauen. Und dann die Männer, athletisch, Bocksprünge vollführend zum Stakkato von hundert Bambusrohren, die in dumpfem Rhythmus auf lange Bretter geschlagen werden.

Andere Männer tauchen aus der Dunkelheit auf, mit dünnen Stangen, die wie überlange Hellebarden aufragen. Die Bekleidung beschränkt sich auf das Nötigste: Jeder Tänzer hat seinen Penis in einen Streifen von weißem *tapa* gebunden, der weich geschlagenen Rinde des Maulbeerbaumes. Das Ende des Tapa-Streifens wird zwischen den Beinen durchgezogen und mit einer großen Sicherheitsnadel über dem Steißbein an der Rückenhaut befestigt. Früher dienten diesem Zweck Bambussplitter oder die gespitzten Knochen eines Kasuar-Vogels – tagsüber sind regelmäßige Feuertänzer leicht an ihren Rückennarben zu erkennen.

Feierlich, schwankend werden die Stangen ums Feuer getragen, gemeinsam mit filigranen Riesentafeln: schaukelnden Kulissen, die das Netz der Spinne darstellen sollen und den Großen Vogel des Waldes; aber auch, so wird behauptet, die Vagina der Frau.

Nächtliche Riten der Baining, eines kleinen Volkes auf der Gazellen-Halbinsel von New Britain, das lange Zeit von den benachbarten Tolai versklavt worden war. Viel Unerklärliches beobachten wir bei den Baining. Stücke vom Hausrat Verstorbener schleudern sie unter dem Aufschrei des Dorfes ins Feuer. Man wolle die Toten vergessen, wird uns zugeflüstert, man wolle nicht mehr an sie erinnert werden.

Wer nur diese Rituale und die nächtlichen Tänze betrachtet, könnte ein falsches Bild bekommen von den Baining: ein viel zu dramatisches, ein allzu konturiertes auch. Denn die Baining haben sich bis heute dem „Erforscht-Werden“ durch westliche Ethnologen weitgehend entzogen. Man weiß nicht viel über das zurückgezogene Volk.

Der erste Forscher, der die Baining 1927 besuchte, Gregory Bateson, blieb Monate und stellte verzweifelt fest, das Volk sei „unstudierbar, weil ihm jede formulierbare Kultur oder soziale Organisation“ fehle – oder dem Anthropologen die nötige Geduld? Seither sind etliche Nachfolger

Wochenlang haben sich die *ilimo*, die heiligen Tänzer auf New Britain, darauf vorbereitet, ihren für zwei Jahre nach Europa gereisten katholischen Priester im Dorf Uvol festlich zu begrüßen. Bei dessen Ankunft feiern sie bis tief in die Nacht

In dem erloschenen, aber immer noch siedend heißen Vulkan auf der Insel Lihir, rund 120 Kilometer nordöstlich von New Britain, lagern rund 454 Tonnen Gold. Um den Schatz zu heben, treiben Ingenieure eine Mine in den Krater. In der Gießerei werden die Barren gegossen und gestempelt

am „Baining-Problem“ gescheitert: Was soll man über ein scheues Volk berichten, das ein schlichtes Leben zwischen Feld und Hütte führt, ohne erkennbare ausgeprägte gesellschaftliche Regeln?

In winzigen Weilern leben sie mitten im Wald, oft nur jeweils zwei Häuser beieinander, in der eine Familie wohnt, die wenig Kontakt hat mit den Nachbarn irgendwo im Busch. Die Baining kennen keine Häuptlinge, keine Familienclans, keine Kulthäuser wie anderswo in der Südsee; sie haben kein System der Vererbung, weil es kaum etwas zu vererben gibt außer ein paar Blätterhütten. Wer Land braucht, schlägt einen Flecken im Urwald frei. Sie reden vor allem über Feldarbeit und Essen, und ihren Kindern versuchen sie das Spielen abzugewöhnen: Das sei der Gemeinschaft nicht dienlich.

Selbst grundlegende Dinge sind bei den Baining nur vage geregelt: Ob Sohn oder Tochter nach der Hochzeit bei den Eltern lebt, ist Verhandlungssache; wer zur Familie gehört ebenfalls, weil die Baining ein lockeres Verwandtschaftsgefüge pflegen, das sich weniger an Blutsbande als an „imaginierten“ Genealogien orientiert. Gegenseitige Adoption der Kinder etwa ist ausgesprochen populär; schließlich werden Monogamie und Polygamie gleichermaßen praktiziert.

Ein formloses Leben im Wald – sind die Baining ein Opfer von Moderne und Kolonisierung, ein zerstörtes Volk ohne Identität? Wohl nicht: Die minimalistische Gemeinschaft existierte vermutlich lange bevor Fremde in das Territorium eindrangen – man kann sie geradezu als Maßstab dafür nehmen, wie wenig feste Regeln Menschen benötigen.

Aber die exzessiven Tänze, die fantastischen Masken – minimalistisch? Das sicher nicht, nur welch tiefere Bedeutung sie haben, konnten Forscher bis heute nicht schlüssig enträtseln. Wahrscheinlich haben die Baining die Tänze von Nachbarstämmen geborgt, vor kaum mehr als ein paar Jahrzehnten.

Und wie ihr Leben verläuft auch jeder nächtliche Auftritt mit großer Flexibilität. *Atut*, der Feuertanz, den wir mit glühenden Augen verfolgen, hat bis auf Anfangs- und Schlusschoral offenbar keine feste Struktur, sondern folgt den Einfällen der Tänzer. Auch die Baining selbst helfen uns nicht weiter. Keiner von ihnen kann etwas über den Sinn der Zeremonie berichten, außer: Ein großer Spaß sei sie, Unterhaltung. Und es klingt wie: zweimal im Jahr die Gegenwelt zur Busch-Monotonie.

Die entflammte Welt der Vulkane, eine nicht endende Ekstase. Immer neues Holz wird in die prasselnden Flammen geworfen, ehe die Vogelmänner beginnen, sich zum Höhepunkt des nächtlichen Festes vorzutanzen: Sie springen mit bloßen Füßen in die Glut. Kicken die Flammen in grotesken Verrenkungen in die Luft. Hüllen sich in Mäntel aus roter Glut. Werden im Funkenregen zu gigantischen Scherenschnitten. Tauchen als Schattenmänner wieder unter. Sie werden zu Rasenden, angetrieben vom Gehämmer der Bambusklöppel, die ganze Nacht hindurch, bis der Morgen aufzieht, Feuer und Ekstase erlöschen, und die Tänzer zurückkehren in die Gestaltlosigkeit ihrer Welt.

~

Eine große Frage in diesem Teil der Erde lautet: Haben die Manager aus dem Fall Bougainville gelernt? Auf der Insel Lihir nordöstlich von New Britain wird eine Goldmine betrieben, deren Ressourcen zu den mächtigsten der Welt zählen: Rund 454 Tonnen des Edelmetalls lagern hier.

Aber die Natur macht es dem Menschen schwer, ans Gold zu kommen, denn es liegt in einem erloschenen, aber immer noch siedend heißen Vulkan. Um die Schatzkammer zu leeren, müssen die Ingenieure den kochenden Berg aufsprengen. Und dafür gibt es in der Geschichte des Bergbaus keine Vorbilder.

Also schau dir das an: den künstlichen Krater mit Dampfsäulen aus 150 Bohrlöchern, die den Druck aus dem vulkanischen Grund entweichen lassen; die rostigen Felswände, gefärbt vom Schwefel; den orangeroten, aus dem Stein geschwitzten Chemikaliensee; den Geysir, dem sich keiner nähern darf, weil er tödliche Dämpfe ausbläst; die Mammut-Transporter, die ins Loch fahren, bis ihre Reifen versengen; die Arbeiter, die Gestein aufladen in der Minifie-Grube, benannt nach einem Prospektor, der zu Tode kam, als er Gold suchte; die dumpfen Explosionsketten, die den heißen Fels zerfetzen, in dessen haarfeinen Rissen das Gold eingeschlossen ist, bis zu vier Gramm pro Tonne.

„Wir haben jetzt 62 Meter unter Meereshöhe erreicht“, referiert unser Begleiter Alan Cook, ein Geologe, „aber wir werden 250 Meter tief gehen, wo die Temperatur auf 200 Grad steigt. 13 Millionen Unzen liegen da, und geschätzte 40 Millionen haben wir in der Hinterhand.“ Nach dem derzeitigen Goldpreis ruhen fast 17 Milliarden Euro im Vulkanboden.

Lihir ist eine technische Meisterleistung, keine Frage, aber auch ein zweites Bougainville? Zumal Rio Tinto, der Bergwerkskonzern, auch hier am Werk ist. „Wir haben aus unseren Fehlern gelernt“, sagt der Minen-Manager, Mr. Roberts, und breitet Unterlagen aus, die das belegen sollen.

Schon früh hat das Minen-Konsortium ein Abkommen mit den einheimischen *land owners* ausgehandelt und 22 Millionen Dollar vorab gezahlt. Noch einmal eine Million Dollar legt es jährlich drauf – das ist fast doppelt so viel wie das gesamte Einkommen der 5500 Bewohner von Lihir, das auf 100 Dollar pro Person und Jahr geschätzt worden ist.

Und die Umwelt? „Auch an sie“, sagt Mr. Roberts, „haben wir gedacht. Wenn wir in rund 39 Jahren Schluss machen in Lihir, werden wir eine

»Bei jedem Regenschauer kommt das Dorfleben auf Kiriwina zum Erliegen. Das sind für mich die magischsten Momente«

Christliche Familien zelebrieren religiöse Tänze auf einer Wiese der Trobriand-Insel Kiriwina. Dabei stecken Freunde und Verwandte den Tänzern nach festgelegten Regeln Blumen und kleine Geschenke zu

intakte Landschaft hinterlassen." Aber nicht unter Wasser. Denn ins Meer, in 125 Meter Tiefe, darf die Mine mangels anderer Lagerstätten auf der winzigen Insel insgesamt rund 300 Millionen Tonnen Abraum fließen lassen; sowie einen Großteil der etwa 1800 Tonnen toxischen Natriumzyanids, die pro Jahr benötigt werden, um das Gold aus dem Fels zu lösen.

Ob man derartige Schlacke in die Nordsee oder ins Meer vor Kalifornien schwemmen dürfte, Mr. Roberts? „Wir halten uns an die Gesetze des Landes", sagt er.

Und der Mensch? Wurde auch an den Menschen gedacht? Aber sicher, sagt Mr. Roberts, obwohl er sich bewusst sei: Die Mine werde ein ganz neues Volk schaffen.

Nur: Wie intakt wird dieses neue Volk sein?

Wir sind in einem winzigen Flugzeug nach Lihir gekommen. Von oben sahen wir die durch Jahrhunderte nahezu unverändert gebliebene Ökonomie des Regenwaldes. Wir überflogen Lichtungen, in denen Palmhütten standen. Wir betrachteten braune Gevierte im Wald, auf denen Süßkartoffeln und Gemüse angebaut wurden – in einem dauerhaften Zyklus, den die meisten Bewohner Lihirs noch bis vor kurzem für unabänderlich hielten: Sie ringen dem Wald Ackerboden ab und geben ihn nach ein paar Ernten wieder frei, um ihn, wenn er sich erholt hat, erneut zu roden.

Und nun dieses Riesenloch. Das nachts unter Flutlichtstrahlern gleißt wie eine Raffinerie, daneben die

Symbole des Überflusses: Vorratstürme überragen die Dörfer der Trobriand-Insel. In ihnen lagern Häuptlinge die begehrten Jams-Knollen, die sie im Laufe der Zeit an Verwandte, Stammesangehörige und Gäste verschenken

braune Landepiste, die Sandstraße, die nagelneue Wellblechsiedlung.

Mit dem gleichen Staunen wie zuvor in die Mine blicke ich in die Verkaufshalle des „Atamion Best Buy“, Lihirs Supermarkt. Sehe den neuen Menschen des Regenwaldes vor Tiefgefriertruhen mit „Frozen Chicken“ stehen, vor Regalen voller Dosen mit Spaghetti in Tomatentunke, vor der Videothek mit dem Kickboxer Jean-Claude van Damme im Angebot, vor Stapeln von Klopapier.

Merkwürdig, wie vor allem diese sauberen Berge von rosafarbenem Toilettenpapier den Blick für die Dimension des Wandels auf Lihir öffnen – und auf dessen Unabwendbarkeit. Nur seine Folgen sind, wie überall, wo alte Welten verstörend schnell kollabieren, noch undeutlich: Was wird sein, wenn die Mine ausgeschöpft ist und nur die Natur in ihren alten Zustand zurückfindet, nicht aber der Mensch?

~

Vorletzte Etappe. Von New Britain aus wieder die Suche nach dem Paradies der Südsee – dort, wo ein Reisender es einst glaubte gefunden zu haben: auf den Tobriand-Inseln, vor der Ostspitze Papua-Neuguineas.

Der polnische Anthropologe Bronislaw Malinowski hatte die abgeschiedene Inselgruppe im Ersten Weltkrieg als Fluchtpunkt gewählt und der Welt bald Wundersames berichtet – von Menschen, die sich bereits in früher

Kokosöl lässt die Haut glänzen und die Blütenblätter kleben: Am »Tag der Tradition« schmücken sich die Schüler auf Kitava wie einst ihre Vorfahren – doch langsam drohen auch hier die alten Bräuche in Vergessenheit zu geraten

Jugend ohne Scham und Schuld der freien Liebe hingaben, angeblich nicht wissend, dass derart Kinder entstanden; von Menschen auch, deren ausgeklügelte, als Kult betriebene Agrikultur ihn ebenso erstaunte wie die Sitte, derzufolge jeder Einzelne seine gesamte Ernte verschenkte, um seinerseits von anderen beschenkt zu werden.

Das Paradies also, eine promiskuitive Urgesellschaft, eine Welt aus Geben und Nehmen?

In jedem Fall boten sich die Trobriander ganz anders dar, als man es bis dahin von Melanesiern und Mikronesiern gehört und gelesen hatte: nicht als die „raublustigen Gesellen", mit denen sich Jack London auf seinen Abenteuerfahrten herumschlug, und nicht als Kannibalen, welche die Missionare schockierten. Nicht einmal die Gesichtszüge teilten sie mit den Nachbarn in der westlichen Südsee: Polynesischer Einschlag war bei ihnen zu entdecken. Wartete da vielleicht ein großes Geheimnis darauf, entschlüsselt zu werden?

Menschenforscher aus aller Welt gingen an die Arbeit. Kiriwana, die Hauptinsel des Archipels mit ihren 12 000 Menschen in 60 Dörfern, ist bis heute ihr Studienobjekt.

Und das Ziel von Sehnsüchten. Harmoniesucher kamen. Und bisweilen Touristen, angelockt von der Aussicht, es gebe dort Liebe gratis und üppig. Es war ein Bayer, der solche Südseemärchen vor Jahren nach Deutschland trug. Weiß der Himmel, was er auf den Trobriand-Inseln zu suchen hatte. Aber er war da, beim Jams-Fest, dem Erntedankfest, auf dem Dorfgemeinschaften das große Tauziehen miteinander austragen. Eine Seilschaft holte ihn als Verstärkung, woraufhin der Gegner, so die Kunde, hübsche Mädchen aufbot, um dem Deutschen die Manneskraft zu rauben. Er sei in den Busch geflüchtet, laut schreiend, er werde vergewaltigt.

Wir sehen die Jams-Gärten auf Kiriwina, die Gemüsegärten, sauber geharkt, vom letzten Halm Unkraut befreit, mit kleinen Feuern übersät, deren Rauch angeblich nahrhaft über die Pflanzen streicht. Auf Pfaden durch den Tropenwald kommen uns Schulmädchen in Gruppen entgegen, fröhlich, in Baströckchen, mit bunt bemalten Gesichtern.

Wir gelangen mit unserem Wrack von Auto, das wir im Hafen von

Wie ihre Vorfahren machen sich die Bewohner von Kitava mit ihren Booten auch heute noch auf Seereisen, die mehrere Tage dauern können

Zweimal im Jahr brechen die Männer von Kitava zur »Kula-Ringfahrt« auf – einer Art Wettfahrt, die Navigationskunst und Durchhaltevermögen erfordert. Im Frühjahr fahren sie ostwärts und tauschen auf den Nachbarinseln Halsketten gegen Armbänder ein – um diese im folgenden Herbst auf der Westroute gegen neue Ketten zu wechseln. So setzt sich der Brauch von Jahr zu Jahr fort

Losuia aufgetrieben haben, in Dörfer mit Palmhütten, die dicht gedrängt beieinander stehen: wie eine Herde zotteliger schottischer Hochlandrinder, notiere ich. Und des weiteren, dass die legendären Jams-Türme der Trobriander, rotweiß bemaltes Gebälk, in dem die überlebenswichtigen Jams-Huf-Knollen gelagert werden, wie Kathedralen in der Ortsmitte aufragen – oder wie die protzigen Geldtürme der Hongkonger Banken.

Nicht falscher könnte dieser Eindruck sein. Die Jams-Türme sind Mahnmale einer Wirtschaftsweise, die nichts mit der westlichen gemein hat, sind Zentralen einer weltweit einmaligen Schenk-Kultur. Nach einer Ernte stellen die Trobriander noch heute vor den Türmen ihre Jams-Haufen aus, begutachten lachend und mit großem Ernst, wer der *tokwaybagula* ist, der beste Gärtner im Dorf. Mehrere Tage liegen die Beweisstücke dort, *milamala* nennt sich das Fest, es ist der Höhepunkt des Jahres, der Kultur.

Und dann verschenkt jeder der Gärtner den größten Teil seiner Ernte nach einem komplizierten System an Nachbarn, Verwandte und an die Chiefs; und erhält im Gegenzug von anderen all jene Knollen, die er zum Leben braucht – ein ritueller Zirkel getreu der Vorstellung, dass Wert nur hat, was weitergegeben wird. Und was für einen Wert: Gaben verpflichten, Schenken verbindet, es ist der soziale Kitt der Gemeinschaft.

Die Trobriander betreiben viele Gabenzirkel, die Frauen etwa den Tausch von *doba*-Röckchen aus Bast; und ganze Inseln beteiligen sich noch heute am legendären *kula*-Ring, zu dem alle zwei, drei Jahre prächtig verzierte Kanus auslaufen, mit 30 und mehr Mann an Bord, um nach genau festgelegten Regeln zu weit entfernten Inseln zu fahren und dort Geschenke zu verteilen: Halsbänder aus Klappermuscheln, Schmuckstücke aus Kegelschnecken. Geschenke, die keinem gehören und die niemand behalten darf, denn im nächsten Ringtausch werden sie weitergereicht – ein ewiger Kreislauf virtuellen Reichtums.

Virtuell ist auch die Macht auf Kiriwina. Üppig werden die Chiefs mit Jams beschenkt, aber nur, weil sie damit ihrerseits Feste und große Zeremonien ausrichten. Für persönliche Bereicherung ist kaum Platz. Das einzige Druckmittel, das die Chiefs besitzen, ist die Magie. Davor haben viele Furcht, ängstigen sich vor den Zauberern, derer sich die Häuptlinge zuweilen bedienen.

Yaluba ist so ein Magier. Ein bemerkenswerter Mann mit modischer Sonnenbrille und einem Kasuar-Knochen quer durch die durchbohrte Nase. Menschen, sagt er, könne er tot umfallen lassen; durch magische Kraft, mit der er Betelnüsse vergifte, auf Verlangen des Chiefs. Andererseits ignorieren die Insulaner durchaus jene Häuptlings-Entscheidungen, die ihnen missfallen – da kann der Zauberer hexen wie er will.

Auf den gekreuzten Beinen von Yaluba liegen Fetzen einer gemalten Bibel. Wie sein Verhältnis zur Kirche sei, frage ich.

„Gut, sehr gut, ich bin Christ."

Und wie die Kirche mit ihm auskomme?

„Gut, sehr gut, solange ich den Pfarrer nicht töte", sagt Yaluba. Augenzwinkernd. Als wisse er genau, wie man einen *dim-dim*, einen Weißen wie mich, schockieren kann.

Ob Chief Tolosi ihn und seine besonderen Kräfte jemals eingesetzt habe? Schweigen. Tolosi ist ein mächtiger Anführer. Ein alter, von Geburt an blinder Mann, nur noch Haut und Knochen, gekrümmt, in einem Wickelrock. Häuptling von Labai ist er, dem Dorf, das als Urzelle der Inselbevölkerung gilt.

Wir besuchen den Chief. Tolosi sitzt auf der Terrasse seiner Hütte und raspelt auf einer platt gedrückten, perforierten Cola-Dose Betelnüsse zu Mehl. Gemurmel kommt aus seinem

»Die Sonne brennt derart, dass ich nur mit T-Shirt und Baseballkape arbeiten kann«

Auf Kitava lernen schon die Jungen, Fische zu fangen. Erst treiben sie ihre Beute ins Netz, dann räuchern sie sie am Strand

zahnlosen Mund, ist nicht zu verstehen. Topuzi, sein Englisch sprechender Neffe, übersetzt. Genauer: liefert seine eigene Interpretation der Worte Tolosis.

Chief, sagen Sie, woher sind die Trobriander einst gekommen; wissen Sie mehr als die Anthropologen?

Dem Meer sollen sie entstiegen, auf dem Floß gekommen sein: Topuzi macht mit den Armen eine ausholende Bewegung, die West und Ost einschließt. Eine lange Reise sei es gewesen. Der Sturm habe das Floß an Land geworfen, dort wo *katupwala* ist, der Platz, an dem das Blut, die Rasse geboren wurde. Präziseres ist nicht zu erfahren, für alle hiesigen Zwecke reicht die Erklärung.

Vielleicht wird man Genaueres einmal von den Forschern hören, die Gebeine und frühe Kulturspuren ausgraben und Gen-Analysen erstellen lassen. Der Deutsche Wulf Schiefenhövel vom Max-Planck-Institut in Andechs hat die Ausgrabungen initiiert; regelmäßig besucht er die Inseln, um deren Besiedlungsgeschichte und damit auch jene Melanesiens zu erhellen.

Die mehr als 800 Sprachen zwischen Taiwan, Hawaii, Polynesien und Neuseeland gehen zurück auf eine austronesische Ur-Sprache, die vermutlich aus Asien stammt; und fast 99 Prozent aller Trobriander ver-

Zu Trauerfeiern auf der Trobriand-Insel Kaileuna bringen die Gäste ihr Essen mit: meist Jams-Knollen, manchmal Schweinemett

fügen über ein Gen, das nur in Asien vorkommt: All das stützt eine gängige These, dass der Südpazifik von einem Volk aus dem heutigen Taiwan besiedelt wurde – und nicht, wie der norwegische Abenteurer und Forscher Thor Heyerdahl vermutete, von Südamerika aus.

Wären da nicht die ungelösten Rätsel: Wie etwa kam die Süßkartoffel, deren Heimat Südamerika ist, nach Trobriand; und warum verwenden die Trobriander für die Erdfrucht seit alters einen Namen, der identisch ist mit dem der Indios *(kumara)*? Gab es transpazifische Kontakte weit vor den Europäern?

Tolosi zuckt die Schultern. Ihn interessieren andere Dinge. Seine Gesundheit und die seiner Familie etwa, über die er lange redet, obwohl es nicht viel zu sagen gibt. Robustes Wohlbefinden ist die Norm auf den Trobriands. Wulf Schiefenhövel, nicht nur Ethnologe, sondern auch Arzt, findet zwar viele Infektionskrankheiten auf den Inseln vor, jedoch keinerlei Zivilisationsgebrechen; Herzinfarkte, Gehirnschläge sind unbekannt. Wegen der überwiegend vegetarischen Ernährung, sagt Schiefenhövel, aber auch weil Zeitstress fehle und jeder geborgen in der

»Für ein Foto steige ich in eine Palme – gesichert von einem Jungen, der sonst Kokosnüsse pflückt«

Einem Schwein werden vor dem Ausnehmen über dem Feuer die Borsten abgesengt

Gruppe lebe, selbst wenn das zu Lasten der Individualität gehe. Psychosen kämen selten vor, Depressionen praktisch nie, und nirgendwo fände man glücklichere Kinder: Keines bleibe, wenn es weint, länger als 30 Sekunden ohne Trost, sagt der Forscher: „Wir haben das gemessen".

Also doch: Trobriand – die denkbar größte Annäherung ans Paradies? Ach, wären da nicht die schweren Kopfwunden, die der Arzt verbinden muss, wenn sich junge Männer wieder einmal um ein Mädchen geschlagen haben; wären da nicht vereinzelte Überfälle und kürzlich sogar ein *gang rape*, eine Gruppenvergewaltigung. Malinowski, der schwärmerische Pole, hatte Unrecht: Freie Liebe und grenzenloser Friede waren wohl doch westliche Schimären.

Als wir Chief Tolosi bitten, die Höhle sehen zu dürfen, in die sich früher die Alten zum Sterben zurückzogen, murmelt es aus seinem Mund: „100 Kina", 43 Euro.

„Alle zahlen immer 100 Kina", ergänzt Topuzi. Es gibt nichts umsonst auf den Trobriand-Inseln. Das Foto von einem auf dem Markt feilgebotenen Fisch: zwei Kina. Ein Foto von einem Jams-Turm: 40 Kina plus Mehrwertsteuer in Form von Tabak. Und 100 Kina eben für den Anblick eines Felsloches, in dem, wie sich herausstellt, ein paar bleiche Knochen und Schädelschalen kunstvoll für Dim-Dim ausgelegt worden sind.

Aber entspricht dieses Finanzgebaren nicht dem traditionellen Prinzip des Gebens und Nehmens? Warum sollte das Paradies umsonst sein? Wulf

Ein seltener Fang auf dem Egum-Atoll: Aus einer erbeuteten Schildkröte soll ein Festmahl werden. Der Handel mit den seltenen Tieren aber ist verboten – woran die Bewohner sich halten

Schiefenhövel glaubt nicht, dass Geld die Kultur der Trobriander in absehbarer Zeit untergraben wird. Dafür seien die Insulaner viel zu stolz auf ihre Welt – durchaus zu Recht, so der Ethnologe: „Trotz aller Probleme ist diese Gesellschaft noch immer eine Modellgesellschaft mit vielen humanen Aspekten: der Gruppensolidarität, dem Schenken, dem ruhigen Leben."

Müsste die Suche nach dem pazifischen Garten Eden nicht hier zu Ende sein?

~

Oder erst auf dem Egum-Atoll? Auf der Karte präsentiert es sich in vollendeter Ästhetik: ein loser Kranz von Punkten, irgendwo im Nirgendwo. Liegen Paradiese nicht immer im Nirgendwo?

Zwei Tage ist die „Freydis" unterwegs. Straff und glänzend spannt sich die Südsee von Horizont zu Horizont, ein blassblaues Seidentuch, das der Bug des Schiffes, fast frevelhaft, wie eine grobe Schere durchschneidet.

Und dann Egum. Schlanke Palmen, die aufgereiht Spalier stehen mit gezackten Kronen. Ein Strand aus weißem Sand und dahinter schlichte Hütten aus Palmblättern mit Dächern vom Pandanus-Baum. Ringsherum Meer, wie wir es noch nicht gesehen haben, aquamaringrün, tintenblau, schillernd, mal glatt wie ein Spiegel, mal kabbelig schäumend.

Erst nach einer Ratssitzung der Dorfältesten werden wir zögernd an

Eine Frau zündet sich eine Zigarette an – der Tabak wächst im eigenen Garten

Land gelassen. Im Kreis haben die Männer im Sand gesessen, schweigend, nachdenkend, und ihre Entscheidung erst verkündet, als sich bereits die Nacht über die Insel senkte.

Eine unwirklich helle Nacht, Vollmondnacht. Silbergrau glänzt der Strand, und die Gischt draußen, wo das Meer sanft gegen die Korallenbänke anläuft, hat noch immer ihr blendendes Weiß. Ein Dutzend Auslegerkanus liegen am Strand; aufgereiht wie eine Flottille im Heimathafen, prächtig dekorierte Boote. Ein Schwein grunzt. Ein Hahn kräht. Aus den Hütten dringt geheimnisvolles Wispern. Die Hitze ist gegangen.

Ausgestreckt liege ich am Strand, schaue in den Nachthimmel, über den sich weiße Wolkenberge schieben, die vom Mond an ihren Rändern aufgeschweißt werden.

Um Egum liegt im Radius von 15 Kilometern ein Kranz von Korallenbänken, der einzige Schutz vor dem offenen Pazifik. Es leben 120 Menschen hier, die nun für mich allmählich Konturen annehmen. Der junge Ronnie. Der melancholische Michael. Die junge Frau im Grasrock.

Selbst Paradiese brauchen Verwalter. Ronnie macht den Job. Er hat Englisch gelernt. Nicht viele Familien auf der Insel können es sich leisten, ihre Kinder in eine Schule auf der Nachbarinsel Woodlark oder gar ins College aufs Festland zu schicken.

Die Schule kostet Geld und raubt der Familie Arbeitskraft.

Das wunderbare Bild, das ich mir von Egum gemacht habe, erhält erste Risse, als ich Michaels Melancholie registriere. Michael ist ein junger Mann mit einem wachen, schönen Gesicht und einem Körper, wie ihn griechische Bildhauer modelliert haben könnten. Auf dem Festland ist er zur Schule gegangen. Aber dann kamen die ersten Fieberschübe. Michael kehrte heim und kämpfte monatelang mit dem Fieber, bis es besiegt war. Aber es pumpte ihn aus. Nie wieder ging er zurück in seine Klasse.

Malaria ist weit verbreitet im Paradies; wie die Armut. Und damit einher geht die Hilflosigkeit gegenüber dem Ansturm der Mücken, wenn Regen fällt. Dann montiert Michael das blaue Plastiksegel seines Kanus ab, breitet es auf dem Sand aus und verkriecht sich tagelang, nächtelang mit Frau und Kindern unter der stickigen Plane.

Schlimmer ist nur, wenn *kein* Regen fällt. Manchmal bleibt er monatelang aus, so wie vor drei Jahren, als das einzige Wasserloch auf Egum austrocknete und nur noch das Fruchtwasser der Kokosnüsse die Menschen vor dem Verdursten bewahrte.

Und doch hat sich Egum zumindest in jenen Stunden eine Sorglosigkeit erhalten, in denen Ronnie, Michael und andere junge Männer hinauspad-

Seit Jahrhunderten hat sich das Leben auf Egum nicht verändert, haben sich die Insulaner, fern von Kolonialmacht und Bürgerkrieg, ihre Ursprünglichkeit bewahrt. Möglicherweise wird der Rhythmus der Winde und Gezeiten auch in den kommenden Jahrzehnten noch ihren Alltag bestimmen – und so lange werden die Europäer vermutlich Inseln wie Egum meinen, wenn sie vom »Paradies Südsee« sprechen

deln aufs flache Wasser über den Korallenbänken, um Beute zu machen. In knochentrockenen, braun gebrannten Gärten am Hang pflanzen die Dorfbewohner Süßkartoffeln und Jams-Knollen an, aber hauptsächlich ernähren sie sich vom Fisch, der sich in Schwärmen sammelt.

Die Männer versuchen, den Fisch in ein weit gespanntes Netz zu treiben. Du siehst ihr wildes Gestikulieren, hörst ihre spitzen Schreie, blickst auf aufgewühltes Wasser, verfolgst die Steinwürfe, die den Schwarm in die rechte Richtung treiben sollen. Saugst die Zufriedenheit der Fischer auf, wenn Beute ins Netz gegangen ist und auf heißem Stein gebraten wird – braucht man mehr zum Leben?

Aber dann spricht Ronnie. Dass ihm eine Frau fehle, obwohl er von Rang und Alter her längst eine haben müsste. Er sagt nicht, wie sehr er die anderen beneidet, aber man sieht, wie sein Selbstbewusstsein leidet.

Michael hat längst eine Familie. Und ein anderer Freund Ronnies ist gerade Vater geworden: der Mann jener jungen anmutigen Frau, die in einem Rock aus Blättern geht wie alle jungen Mütter auf der Insel. Stolz und Demut und Grazie kommen hier zusammen. Und Ronnie steht abseits.

Es ist ja auch nicht leicht, wenn man ganze Tagesreisen mit dem Kanu machen muss, um zur nächstgrößeren Insel zu gelangen, wo er sich eine Frau suchen könnte. Und welche würde mitkommen zu dem trockenen Wasserloch und zu den Mückenschwärmen?

Da fasst sich Ronnies Vater ein Herz. Ein Dorffest wird veranstaltet, zu Ehren des Vaters, der übers Wasser segeln und auf Brautschau gehen wird für den Sohn. Das Schwein, das in einem Verschlag neben unserem Schlafplatz gegrunzt hat, muss sterben und auch eine Meeresschildkröte. Im Kanu des Vaters werden die Fleischstücke liegen, als Geschenke für potenzielle Schwiegerväter.

~

Ein paar Stunden später ziehen wir auf der „Freydis" den Anker hoch und gleiten behutsam zwischen den Korallenbänken hindurch, um freies Wasser zu gewinnen. Die Menschen am Strand werden kleiner. Michael steht da und schaut uns traurig nach. Und Ronnie steht da, mit seiner Sehnsucht nach einem anderen Leben, nach einem Ort, an dem er eine Frau finden und einen Familie gründen kann. In seinem melancholischen Blick erkenne ich, dass unsere Suche auf Egum tatsächlich zu ihrem Ende gelangt ist, dass wir angekommen sind. Nein, nicht in einer heilen Welt, nicht im Südsee-Traum, sondern bei der schmerzlichen Wahrheit: Das Glück liegt anderswo. Immer und überall.

Auch im Paradies.

Bildnachweis

Titelfoto:
George Steinmetz/
Agentur Focus

Vorsatz vorn:
Heide und Erich Wilts

Vorsatz hinten:
George Steinmetz/
Agentur Focus

Seite 3 bis 69:
Roman Bezjak/Agentur Focus, außer: S. 7 M., 40 u., 62 u.: Heide und Erich Wilts

Seite 70 bis 161:
Pascal Maitre/Agentur Focus, außer: S. 71 l., 92, 107 l., 130 l. u.: Heide und Erich Wilts

Seite 162 bis 240:
George Steinmetz/
Agentur Focus, außer: S. 163 r., 222 l. u., 226 u.: Heide und Erich Wilts